TARIF SPÉCIAL

DES

PRIX DE TRAVAUX DE PLOMBERIE

ET DE COUVERTURE EN ZINC

AVEC

SOUS-DÉTAILS, PROFILS ET DESSINS

TABLEAUX DE CLASSEMENT

Résumant les prix de fourniture et de main-d'œuvre applicables à tous les travaux exécutés

dans la Plomberie et le Zincage

PAR HÉBERT

Vérificateur spécial de travaux de Plomberie et de Couverture

PARIS

À la Librairie générale de COSSE, MARCHAL et Ce, Imprimeurs-Éditeurs

LIBRAIRES DE LA COUR DE CASSATION

Place Dauphine, 27

ET CHEZ L'AUTEUR, RUE DE L'ORILLON

1863

TARIF SPÉCIAL

DES

PRIX DE TRAVAUX DE PLOMBERIE

ET DE COUVERTURE EN ZINC

AVEC

SOUS-DÉTAILS, PROFILS ET DESSINS

TABLEAUX DE CLASSEMENT

Résumant les prix de fourniture et de main-d'œuvre applicables à tous les travaux exécutés
dans la Plomberie et le Zincage ;

PAR HÉBERT

Vérificateur spécial de travaux de Plomberie et de Couverture.

PARIS

A la Librairie générale de COSSE, MARCHAL et Cie, Imprimeurs-Éditeurs
LIBRAIRES DE LA COUR DE CASSATION
Place Dauphine, 27
ET CHEZ L'AUTEUR, RUE DE DOUAI, 4

1868

Paris.—Imprimerie de Cosse et J. Dumaine, rue Christine, 2.

PRÉFACE.

En publiant cette Série je n'ai pas l'intention d'attaquer ou de discuter les prix de la Série officielle.

Je rends la justice la plus complète à l'impartialité et à la haute expérience de MM. les vérificateurs de la Préfecture de la Seine ; mais je pense que les prix fixés pour le règlement des grands travaux exécutés pour le compte de l'Administration municipale ne sauraient être appliqués aux travaux particuliers et d'entretien. qui exigent pour leur bonne exécution un surcroît de temps souvent considérable; il est donc équitable de les mieux rétribuer.

La présente Série, rédigée avec un grand soin après de laborieuses et consciencieuses recherches, vient combler une lacune; elle est le complément *indispensable* de la Série de la Ville ; j'espère qu'elle sera accueillie avec faveur.

HÉBERT.

ERRATUM.

Page 19, nº 438. *Au lieu de :* 0,05, *lire :* 0,08.

PLOMBERIE.

PRIX DE BASE.

fr.   c.

OBSERVATION GÉNÉRALE. — Les prix de règlement se composent : 1° des déboursés pour la main-d'œuvre et pour les fournitures ; 2° des faux frais appliqués à la main-d'œuvre seulement ; 3° du bénéfice appliqué aux prix de la main-d'œuvre et des fournitures, et aux faux frais.

Pour la Plomberie : { Les faux frais sont fixés à. . . .   0.15
{ Le bénéfice à. 0.10

MATÉRIAUX.

1 ARTICLE 1er. PLOMB EN TABLE.

Épaisseur en millimèt.	0^m0005	0^m001	0^m0015	0^m002	0^m0025	0^m003	0^m0035	0^m004	0^m005	0^m006
Poids du mètre carré..	5^k700	11^k35	17^k00	22^k70	28^k40	34^k05	39^k75	45^k40	56^k75	68^k100

2 ART. 2. PLOMB EN TUYAUX.

DIAMÈTRE en millim.	EXTRA-MINCE pour GAZ.	POIDS D'UN MÈTRE COURANT, DE L'ÉPAISSEUR DE								
		2 millim.	2 millim. 1/2.	3 millim.	3 millim. 1/2.	4 millim.	4 millim. 1/2.	5 millim.	6 millim.	7 millim.
millim.	kil. gr	kil. gr.	kil. gr.	kil. gr.	kil. gr.	kil. gr.	kil gr.	kil. gr.	kil. gr.	kil. gr.
10	0 650	0 850	»	»	»	»	»	»	»	»
13	0 800	1 000	1 400	1 800	2 050	2 500	»	3 200	4 000	5 000
16	1 400	1 300	»	»	»	»	»	»	»	»
20	1 700	»	2 000	2 450	2 950	3 400	»	4 450	5 500	6 750
25	2 400	»	»	3 000	3 550	4 450	»	5 350	6 650	8 000
27	2 750	»	»	3 450	3 800	4 400	»	5 650	7 000	8 400
30	3 200	»	»	»	4 200	4 900	»	6 250	7 700	9 250
35	4 000	»	»	»	4 800	5 550	6 350	7 450	8 750	10 500
40	5 000	»	»	»	»	6 250	7 450	8 000	9 850	11 750
45	»	»	»	»	»	»	7 950	8 900	10 950	13 000
50	»	»	»	»	»	»	8 000	9 800	12 000	14 400
55	»	»	»	»	»	»	9 800	10 700	13 050	15 350
60	»	»	»	»	»	»	»	11 600	14 100	16 700
65	»	»	»	»	»	»	»	12 400	15 000	18 000
70	»	»	»	»	»	»	»	13 350	16 250	19 200
80	»	»	»	»	»	»	»	13 450	18 400	21 700
95	»	»	»	»	»	»	»	17 800	21 600	25 450
110	»	»	»	»	»	»	»	20 500	24 800	29 200

Par couronnes de 10 mètres. (10 à 40)

Par couronnes de 7 à 8 mètres. (45 à 55)

Par longueurs de 4 mètres. (60 à 110)

NUMÉROS d'ordre.		PRIX.
		fr. c.
3	**Art. 3.** — Prix du plomb en table, et pour tuyaux en plomb refoulé :	
	Cours au 1ᵉʳ janvier 1868................................... 58ᶠ 00 A déduire la bonification par 100 kilog..................... 3 00	

	Reste......................... 55 00
	    A ajouter, pour bénéfice, transport, faux frais, 10 pour 100, et
	      sur 55 fr... 5 50	

	Prix des 100 kilog............... 60 50	
4	**Art. 4.** — Plomb en table, coulé ou laminé, les 100 kilog........................	60 50
5	**Art. 5.** — Tuyaux en plomb de tous les diamètres et de toutes les épaisseurs, jusqu'à 0,020 mill. exclusivement, suivant le cours (Voir article 3). Les 100 kilog.................................	60 50
6	**Art. 6.** — Tuyaux en plomb, de 0,020 mill. de diamètre jusqu'à 0,010 mill. exclusivement : augmentation de 5 fr. par 100 kilog. sur le prix du cours porté à l'article 3.	
	Cours au 1ᵉʳ janvier 1868................................. 58ᶠ 00 Plus... 5 00	
	63 00 A déduire la bonification par 100 kilog..................... 3 00	

	Reste............................. 60 00
	    A ajouter, pour bénéfice, transport, faux frais, 10 pour 100, et
	      sur 60 fr... 6 00	

	66 00	
7	**Art. 7.** — Tuyaux en plomb, de 0,020 mill. de diamètre à 0,010 mill. exclusivement. Les 100 kilog...	66 00
8	**Art. 8.** — Tuyaux en plomb, de 0,010 mill. de diamètre et au-dessous : augmentation de 10 fr. par 100 kilog. sur le prix du cours porté à l'art. 3.	
	Cours au 1ᵉʳ janvier 1868................................. 58ᶠ 00 Plus... 10 00	
	68 00 A déduire la bonification par 100 kilog..................... 3 00	

	Reste......................... 65 00
	    A ajouter, pour bénéfice, transport et faux frais, 10 pour 100, et
	      sur 65 fr... 6 50	

	Prix des 100 kilog............... 71 50	
9	**Art. 9.** — Tuyaux en plomb de 0,010 mill. de diamètre et au-dessous. Les 100 kilog.	71 50
10	**Art. 10.** — Pour établir le poids des plombs ci-dessus, la base est le poids du mètre cube pesant 11350 k.	
11	**Art. 11.** — Prix du mètre superficiel de zinc, depuis le n° 9 jusqu'au n° 20, et suivant les différents cours, depuis celui de 50 fr. jusqu'à celui de 100 fr. les 100 kilog.	
12	Nota. — Les prix portés au tableau ci-dessous sont augmentés sur le cours de 50 fr. à 100 fr. les 100 kilog.: de 40 fr. pour 100 fr. pour bénéfice, transport et faux frais, et de 1/40 pour déchet.	

(Voir le tableau de la page suivante.)

NUMÉROS d'ordre.	COURS DE. .		50 fr.	55 fr.	60 fr.	65 fr.	70 fr.	75 fr.	80 fr.	85 fr.	90 fr.	95 fr.	100 fr.	PRIX.
			fr. c.	fr. c.	fr. c.	fr. c.	fr. c.	fr. c.	fr. c.	fr. c.	fr. c.	fr. c.	fr. c.	
		9.	1 84	1 80	1 96	2 13	2 29	2 45	2 62	2 78	2 94	3 11	3 28	
		10.	1 95	2 15	2 33	2 53	2 73	2 92	3 11	3 31	3 50	3 70	3 90	
		11.	2 29	2 52	2 74	2 97	3 20	3 43	3 65	3 88	4 11	4 34	4 58	
		12.	2 53	2 88	3 15	3 44	3 67	4 05	4 19	4 46	4 72	4 98	5 06	
		13.	3 09	3 30	3 59	3 88	4 18	4 49	4 78	5 07	5 38	5 68	6 18	
13	NUMÉROS	14.	3 36	3 69	4 03	4 36	4 70	5 03	5 37	5 70	6 04	6 37	6 72	
		15.	3 70	4 06	4 43	4 80	5 17	5 53	5 94	6 28	6 65	7 02	7 40	
		16.	4 22	4 65	5 04	5 50	5 95	6 33	6 77	7 19	7 64	8 23	8 44	
		17.	4 77	5 25	5 72	6 19	6 68	7 15	7 62	8 10	8 57	9 05	9 54	
		18.	5 28	5 80	6 33	6 85	7 60	7 91	8 43	8 96	9 49	10 51	10 56	
		19.	5 81	6 39	6 96	7 56	8 12	8 71	9 30	9 88	10 45	11 03	11 62	
		20.	6 35	6 97	7 63	8 24	8 89	9 52	10 15	11 00	11 42	12 06	12 70	

		9	10	11	12	13	14	15	16	17	18	19	20
	NUMÉROS.												
		k. g.	k. g.	k. g.	k. g.	k. g.	k. g.	k. g.	k. g.	k. g.	k. g.	k. g.	k. g.
14	POIDS DU MÈTRE CARRÉ.	2 900	3 450	4 030	4 650	5 300	5 950	6 550	7 300	8 450	9 350	10 500	11 250

15	ART. **12.** — Journée de compagnon plombier et zingueur en hiver et en été....................	7 00
16	ART. **13.** — Journée de garçon plombier et zingueur, en hiver et en été	4 50
	Journée de garçon de rue...	4 00
17	ART. **14.** — Journée d'ajusteur, perceur, fondeur................................	7 25
18	ART. **15.** — Journée de monteur mécanicien...................................	7 25
	ART. **16.** — Bonde d'évier en cuivre à tampon et boisseau sans pose et sans chaînette :	
19	de 0,020 de diamètre...	1 00
20	0,027 id..	1 20
21	0,034 id..	1 30
22	0,041 id..	1 40
23	0,048 id..	1 60
24	0,054 id..	1 90
	ART. **17.** — Bonde de fond en cuivre sans pose :	
25	de 0,020 de diamètre...	2 00
26	0,027 id..	2 90
27	0,034 id..	3 90
28	0,041 id..	4 75
29	0,048 id..	5 80
30	0,054 id..	7 00
31	au-dessus de 0,054 de diamètre .... Le kilog.	4 10

NUMÉROS d'ordre.		PRIX.
	Art. **18**. — Bondes syphoïdes en cuivre sans pose :	
32	de 0,020 de diamètre..	3 50
33	0.027 id..	4 50
34	0,034 id..	5 50
35	0,041 id..	6 50
36	0,048 id..	9 50
37	0,054 id..	12 00
38	Nota. Les mesures ci-dessus sont prises à la douille.	
	Art. **19**. —Pose de boisseau pour les bondes d'évier, bondes de fonds et bondes syphoïdes, compris limage et étamage du collet :	
39	de 0,020 de diamètre à 0,034 inclusivement............................... La pièce.	0 40
40	0,041 id. 0,054 id... id...	0 60
	Art. **20**. — Bonde en cuivre avec tige pour pots en faïence de cabinets d'aisances; pour fourniture sans pose :	
41	de 0,060 de diamètre.. La pièce.	4 00
42	0,070 id.. id...	5 00
43	Nota. Les mesures ci-dessus sont prises à la douille.	
44	Art. **21**. — Pose de bondes de pots en faïence, compris agrafes soudées au boisseau, scellement au mastic à feu et garnissage en même mastic de l'intérieur du bouchon................. La pièce.	2 25
45	Art. **22**. — Tuyaux en plomb posés en élévation dans le sens vertical ou celui horizontal, compris fourniture et pose de 2 crochets à pointe par mètre linéaire, mais sans trous percés ni tamponnés.	
46	Nota. Toutes les fois que le nombre de crochets ci-dessus indiqué ne sera pas fourni, il sera fait déduction des crochets manquants. Il ne sera rien alloué pour crochets fournis en plus que 2 par mètre.	
47	Pose de tuyau de 0,010 de diamètre... Le mèt. lin.	0 55
48	id. 0,015 id.. id.....	0 65
49	id. 0,020 id.. id.....	0 75
50	id. 0,025 ou 0,027 id.................................... id.....	0 90
51	id. 0,030 id.. id.....	1 00
52	id. 0,035 id.. id.....	1 10
53	id. 0,040 id.. id.....	1 20
54	id. 0,045 id.. id.....	1 30
55	id. 0,050 id.. id.....	1 40
56	id. 0,055 id.. id.....	1 55
57	id. 0,060 id.. id.....	1 70
58	id. 0,065 id.. id.....	1 85
59	id. 0,070 id.. id.....	2 00
60	id. 0,080 id.. id.....	2 15
61	id. 0,090 id.. id.....	2 30
62	id. 0,095 id.. id.....	2 45
63	id. 0,100 id.. id.....	2 60
64	id. 0,110 id.. id.....	2 75
65	Nota. Les diamètres des tuyaux ci-dessus sont pris à l'intérieur. Les prix ci-dessus comprennent le montage ou la descente des tuyaux à pied d'œuvre et les cintrages en voûte ou ceux équivalents.	
	Art. **23**. — Plus-value sur les prix de l'article 22. Pour :	
66	Coudes sur tuyaux en plomb pour angle saillant ou rentrant: l'un 1/2 du prix de pose porté à l'article 22, et suivant les diamètres correspondants.	
67	Cintrage en S de tuyau en plomb, ou formant syphon : l'un vaut 1^m,00 du prix de pose porté à l'article 22, et suivant les diamètres correspondants.	

Nᵘᴹᴱᴿᴼˢ d'ordre.		PRIX.

Aʀᴛ. **24.** — Tuyaux en plomb posés en tranchée :

		PRIX.
68	Pose de tuyau de 0,010 de diamètre.. Le mèt. lin.	0 20
69	id. 0,015 id.. id....	0 25
70	id. 0,020 id.. id....	0 30
71	id. 0,025 ou 0,027 id.. id....	0 35
72	id. 0,030 .id.. id....	0 45
73	id. 0,035 id.. id....	0 50
74	id. 0,040 id.. id....	0 55
75	id. 0,045 id.. id....	0 60
76	id. 0,050 id.. id....	0 65
77	id. 0,055 id.. id....	0 70
78	id. 0,060 id.. id....	0 90
79	id. 0,065 id.. id....	1 00
80	id. 0,070 id.. id....	1 05
81	id. 0,080 id.. id....	1 10
82	id. 0,090 id.. id....	1 15
83	id. 0,095 id.. id....	1 20
84	id. 0,100 id.. id....	1 25
85	id. 0,110 id.. id....	1 30
86	Nᴏᴛᴀ. Les diamètres des tuyaux ci-dessus sont pris à l'intérieur.	

Aʀᴛ. **25.** — Plus-value sur les prix portés à l'article **24**,
Pour :

87	Coudes sur angle saillant ou rentrant, cintre formant S ou syphon : pour l'un 1/2 de la plus-value accordée à l'article 23.	

Aʀᴛ. **26.** — Joints pour tuyaux en plomb faits avec brides en fer évidées, rondes à l'intérieur et portant 2 oreilles percées chacune d'un trou pour le passage des boulons.
Prix pour une seule bride sans les boulons, le diamètre pris suivant le diamètre intérieur des tuyaux :

			PRIX.
88	A Pour tuyau de 0,015 de diamètre....................................... La pièce.		0 50
89	B id. 0,020 id... id...		0 55
90	C id. 0,025 id... id...		0 60
91	D id. 0,027 id... id...		0 65
92	E id. 0,030 id... id...		0 70
93	F id. 0,035 id... id...		0 75
94	G id. 0,040 id... id...		0 80
95	H id. 0,045 id... id...		0 85
96	I id. 0,050 id... id...		0 90
97	J id. 0,055 id... id...		0 95
98	K id. 0,060 id... id...		1 00
99	L id. 0,065 id... id...		1 15
100	M id. 0,070 id... id...		1 30

Aʀᴛ. **27.** — Joints pour tuyaux en plomb, faits avec rondelles en fer évidées, rondes à l'intérieur, le diamètre pris suivant le diamètre intérieur des tuyaux.
Prix pour une rondelle sans trous percés pour les boulons :

			PRIX.
101	A Pour tuyau de 0,080 de diamètre....................................... La pièce.		1 75
102	B id. 0,095 id... id...		2 00
103	C id. 0,110 id... id...		2 35
104	D id. 0,130 id... id...		3 00
105	E id. 0,160 id... id...		3 35
106	F id. 0,190 id... id...		3 75
107	G id. 0,220 id... id...		4 55
108	H id. 0,240 id... id...		4 75
109	I id. 0,250 id... id...		5 15
110	J id. 0,270 id... id...		5 50
111	K id. 0,320 id... id...		6 00
112	Pour toute rondelle de diamètre supérieur à 0,320. Prix du kilog...............................		1 50

NUMÉROS d'ordre.		PRIX.
113	Art. **28**. — Trous percés pour le passage des boulons, aux rondelles en fer comprises dans l'article 27. La pièce	0 15
114	Art. **29**. — Boulons en fer, tête à chapeau et écrou pour brides en fer portées à l'article 26. Pour brides de A à C inclusivement.. La pièce.	0 20
115	id. D à F id.. id...	0 25
116	id. G à I id.. id...	0 30
117	id. J à M id.. id...	0 35
	Boulons pour rondelles en fer portées à l'article 27 :	
118	Pour rondelles de A à E inclusivement.. La pièce.	0 40
119	id. F à K id... id...	0 45
	Art. **30**. — Montage de joints pour tuyaux de plomb composés de deux brides, pose et serrage de boulons, Pour joints de tuyaux portés à l'article 26 :	
120	Bride de A à C inclusivement.. Le joint.	0 35
121	id. D à F id.. id...	0 40
122	id. G à I id.. id...	0 50
123	id. J à M id.. id...	0 55
124	Art. **31**. — Montage de joints de tuyaux avec rondelles en fer portées à l'article 27, pose et serrage des rondelles et des boulons. Prix pour un boulon..	0 25
125	Art. **32**. — Tuyau d'évier ou de cuvette recevant les eaux ménagères, pose faite à l'intérieur, cintre allongé, le mètre linéaire, sans déduction de crochets, et suivant le diamètre intérieur du tuyau, mêmes prix que ceux portés à l'article 22.	
126	Art. **33**. — Tuyau d'évier ou de cuvette recevant les eaux ménagères, comme ci-dessus article 32, mais posé à l'aide de la corde à nœuds, le mètre linéaire, sans déduction de crochets, pour pose et suivant le diamètre intérieur du tuyau, moitié en plus des prix portés à l'article 22.	
127	La pose et la dépose de la corde à nœuds seront évaluées suivant l'accès plus ou moins difficultueux des combles.	
128	Art. **34**. — Trous percés et tamponnés en pierre dure et en brique..................... L'un.	0 10
129	Art. **35**. — Supports pour tuyaux en élévation posés horizontalement. Supports en fer plat à scellement et gorge facilitant la dépose des tuyaux sans desceller les supports fournis et posés à 0,70 d'écartement (percements en mur non compris), 1/4 en plus des prix de pose des tuyaux en élévation article 22, sans déduction pour les crochets à pointe.	
130	Art. **36**. — Supports en fer plat à scellement, mais façonné sans gorge, espacés de 0,70 (percements en mur non compris) : 1/5 en plus des prix de pose de tuyaux portés à l'article 22 sans déduction des crochets.	

<table>
<tr><td rowspan="2">NUMÉROS
d'ordre.</td><td></td><td>PRIX.</td></tr>
<tr><td></td><td></td></tr>
</table>

		PRIX.

131 — Art. **37.** — Supports pour tuyaux posés verticalement.

Supports en fer plat à deux scellements posés de mètre en mètre.

1/6 en plus des prix de pose des tuyaux portés à l'article **22**, sans déduction pour les crochets.

Pour les supports et les colliers portés aux articles 34, 35, 36, lorsqu'ils se trouveront plus écartés que la demande, la quantité en moins sera déduite. Pour supports et colliers en plus, il ne sera rien alloué.

132 — .Art **38.** — Colliers à parties mobiles.

Les 2 parties du collier en cuivre avec 2 vis taraudées et la queue en fer rond rivée sur la partie à demeure et portant scellement.

		PRIX
133 Pour tuyau de........ 0,020 diamètre intérieur...		1 40
134 id.............. 0,027 id..		1 55
135 id........... 0,030 à 0,035 id..		1 80
136 id........... 0,040 à 0,045 id..		2 10
137 id........... 0,045 à 0,055 id..		2 50
138 Pour les tuyaux au-dessus de 0,055 mill. de diamètre, les colliers seront comptés au poids, compris vis, façon.. Le kilog.		4 50
139 Le fer rond, compris façon.. id...		2 75

140 — Art. **39.** — Percement en moellon ou mur en matières tendres pour le scellement de colliers et supports compris dans les art. 35, 36 et 38 :

141 — Pour un trou de 0,10 de profondeur... **0 40**

142 — Art. **40.** — Percement en moellon dur de fondation, pierre ou brique, moitié en plus du prix ci-dessus. Soit pour un trou de 0,10 de profondeur.. **0 60**

Art. **41.** — Profondeur allouée pour percements, suivant le diamètre intérieur du tuyau :

143 Pour tuyau de 0,020 à 0,027, profondeur................................... 0,08.		
144 id. 0,030 à 0,035, id.. 0,09.		
145 id. 0,040 à 0,045, id.. 0,10.		
146 id. 0,050 à 0,055, id.. 0,11.		
147 Chaque centimètre en plus ou en moins... L'un.		0 04
148 Pour percement en moellon dur de fondation, pierre ou brique, chaque centimètre en plus ou en moins.. L'un.		0 06

NUMÉROS d'ordre.		PRIX.
149	Art. **42**. — Percement en mur et scellement pour les supports à 2 scellements, article 37, 1/3 en plus des prix portés aux articles 39, 40 et 41.	
150	Art. **43**. — Percement en mur et scellements pour supports, article 37.	
151	Lorsqu'il existera deux percements, vu le diamètre des tuyaux au-dessus de 0,035, il sera alloué en plus les 3/4 des prix portés aux articles 39 et 40, et établis suivant leur profondeur reconnue.	
152	Art. **44**. — Pour emploi de ciment pour les scellements des supports, colliers portés aux articles 35, 36, 37 et 38, il sera alloué 1/4 en plus des prix portés aux articles 39 et 40.	
153	Art. **45**. — Entailles en mur en linéaire, pour tuyau de plomb ou autres, faites dans le moellon et toutes matières tendres, compris scellement et raccord en plâtre. Par centimètre de profondeur, le mètre linéaire...	0 20
154	Art. **46**. — Les mêmes entailles faites en moellon de fondation, pierre dure ou briques, compris raccord, scellement en plâtre :	
155	Par centimètre de profondeur, le mètre linéaire.	0 40
156	Art. **47**. — Pour emploi de ciment pour raccord et scellement des tranchées faites en matières tendres ou dures, 1/3 en plus du prix porté aux articles 45 et 46.	
157	Art. **48**. — Pour raccord, scellement en plâtre ou en ciment, pour entailles non faites par l'entrepreneur, moitié des prix ci-dessus portés aux articles 45, 46 et 47.	
	Art. **49**. — Angles saillants de mur, arrondis pour la pose des tuyaux, suivant leur diamètre intérieur :	
158	Pour tuyau de 0,020 à 0,027 de diamètre..................................... L'un.	0 10
159	id. 0,030 à 0,043 id... id..	0 15
160	Pour tout diamètre au-dessus... id..	0 20
	Art. **50**. — Pour le passage des tuyaux de plomb ou autres, percements faits à la mèche en moellon dur de fondation, pierre dure et brique :	
161	de 0,006 à 0,015... Le mèt. lin.	4 75
162	de 0,016 à 0,034... id...	6 15
163	de 0,035 à 0,049... id...	6 65
164	de 0,050 à 0,079... id...	8 45
165	de 0,080 à 0,120... id...	10 15
166	de 0,121 à 0,160... id...	14 80
167	de 0,161 à 0,200... id...	19 45
168	Art. **51**. — Pour le passage des tuyaux de plomb ou autres, percements à la mèche faits en moellon tendre, pan de bois, plancher, cloison :	
169	de 0,006 à 0,015... Le mèt. lin.	2 85
170	de 0,016 à 0,034... id...	4 00
171	de 0,035 à 0,049... id...	4 75
172	de 0,050 à 0,079... id...	5 15
173	de 0,080 à 0,120... id...	5 95
174	de 0,121 à 0,160... id...	6 65
175	de 0,161 à 0,200... id...	7 35
176	Nota. Pour tout percement difficultueux fait à la masse et au poinçon, l'entrepreneur devra produire un attachement; faute de le faire reconnaître, il sera payé suivant les prix portés aux articles 50 et 51.	
177	Art. **52**. — Pour jonctions de tuyaux en plomb, nœuds pour façons soudure et charbon, suivant les diamètres et les épaisseurs desdits tuyaux :	

NUMÉROS d'ordre.		Epaisseur des tuyaux........................	0,003	0,004	0,005	0,006	0,007	PRIX.
			fr. c.	fr. c.	fr. c.	fr. c.	fr. c.	
178		0,010........ Prix du nœud.	0 84	0 92	1 00	1 08	1 16	
179		0,015.............. id.....	1 24	1 32	1 40	1 48	1 56	
180		0,020.............. id.....	1 64	1 72	1 80	1 88	1 96	
181		0,025 ou 0,027....... id.....	1 99	2 07	2 15	2 23	2 31	
182		0,030.............. id.....	2 39	2 47	2 55	2 63	2 76	
183		0,035.............. id.....	2 79	2 87	2 95	3 03	3 11	
184		0,040.............. id.....	3 19	3 27	3 35	3 43	3 52	
185		0,045.............. id.....	3 59	3 67	3 75	3 83	3 91	
186		0,050.............. id.....	3 94	4 02	4 10	4 18	4 26	
187		0,055.............. id.....	4 34	4 42	4 50	4 58	4 66	
188		0,060.............. id.....	4 79	4 87	4 95	5 03	5 11	
189	Diamètre intérieur du tuyau	0,065.............. id.....	5 04	5 12	5 20	5 28	5 36	
190		0,070.............. id.....	5 54	5 62	5 70	5 78	5 86	
191		0,075.............. id.....	5 94	6 02	6 10	6 18	6 26	
192		0,080.............. id.....	6 34	6 42	6 50	6 58	6 66	
193		0,090.............. id.....	7 09	7 17	7 25	7 33	7 41	
194		0,100.............. id.....	7 89	7 97	8 05	8 13	8 21	
195		0,110.............. id.....	8 64	8 72	8 80	8 88	8 96	
196		0,120.............. id.....	9 14	9 22	9 30	9 38	9 46	
197		0,130.............. id.....	9 69	9 77	9 85	9 93	10 01	
198		0,140.............. id.....	10 19	10 27	10 35	10 43	10 51	
199		0,150.............. id.....	10 74	10 82	10 90	10 98	11 06	
200		0,160.............. id.....	11 74	11 82	11 90	11 98	12 06	

201	Tamponnage soudé pour tuyau plomb, 1/2 du prix des nœuds ci-dessus, et suivant les épaisseurs.
202	Nœud sur cuivre et empattement en soudure sur plomb, 1/10 en plus du prix des nœuds ci-dessus et suivant les épaisseurs.
203	Empattement en soudure sur cuivre, 2/10 en plus des prix des nœuds ci-dessus, et suivant les épaisseurs.
204	Nœuds de soudure cuivre sur cuivre, 3/20 en plus des prix ci-dessus, compris ajustement des tuyaux.

NUMÉROS d'ordre.		PRIX.
205	Empattement cuivre sur cuivre, 1/10 en plus du prix des nœuds de cuivre sur cuivre, compris percement de tuyau et étamage.	
206	Art. **53**. — Collet en soudure, plomb sur plomb, pour tuyaux, moignons, etc., et suivant les diamètres et les épaisseurs des tuyaux ou moignons, 1/3 du prix des nœuds de soudure portés à l'article 52.	
207	Moisé en soudure faite au-dessus des colliers en fer (article 37), 1/4 du prix des nœuds de soudure portés à l'article 52, et suivant les diamètres et les épaisseurs des tuyaux.	
208	Art. **54**. — Collet en soudure sur cuivre pour bonde d'évier, et suivant le diamètre de la douille, moitié du prix des nœuds de soudure de même diamètre, et suivant ceux portés pour tuyaux de 0,005 d'épaisseur (article 52).	
209	Art. **55**. — Soudure sur plomb, faite au fer mahon et en linéaire, au-dessus de 0,50 de longueur, inclusivement.	
	Savoir :	
210	Largeur de 0,02 sur épaisseur de 0,003, soudure employée 0 k. 700 . . . . Prix du mètre.	1 80
211	id. 0,03 id. 0,003 id. 0 k. 960 . . . . id	2 45
212	id. 0,04 id. 0,003 id. 1 k. 126 . . . . id	3 20
213	id. 0,05 id. 0,003 id. 1 k. 550 . . . . id	3 95
214	Toute soudure au-dessus de 0,05 de largeur et de 0,003 d'épaisseur, le prix sera établi suivant leur cube, et payé le kilog, compris charbon, soudure et main-d'œuvre	2 55
	1 mètre cube de plomb pèse . . . . 11,350 k. 00	
	1 id. d'étain . . . . 7,915 k. 00	
	Pour faire la soudure, il est employé :	
	1/3 d'étain, soit . . . . 2,638 k. 34	
	2/3 de plomb . . . . 7,567 k. 00	
	Poids du mètre cube de soudure . . . . 10,205 k. 34	
215	à 2 fr. 55 le kilog., soit prix du mètre cube de soudure . . . . 26,023 fr. 62	
216	Soudures au linéaire de 0,00 à 0ˢ50 inclusivement pour les reliefs en plomb, seront payées au mètre linéaire, suivant les prix ci-dessus de l'article 55, et augmentés du 1/5 de leur valeur respective.	
	Soit :	
217	Largeur de 0,02 sur épaisseur de 0,003 . . . . . . 1 fr. 80 plus 1/5	2 16
218	id. 0,03 id. 0,003 . . . . . . 2 fr. 45 id	2 94
219	id. 0,04 id. 0,003 . . . . . . 3 fr. 20 id	3 84
220	id. 0,05 id. 0,003 . . . . . . 3 fr. 95 id	4 74
221	Art. **56**. — Soudure sur zinc ou plomb composée de 2/3 de plomb et de 1/3 d'étain . . Prix du kilog.	1 55
222	Soudure sur cuivre composée de 1/2 de plomb et de 1/2 d'étain . . . . id	2 00
223	Pour emploi de charbon, plus-value par kilog	0 30
224	Pour emploi de charbon et main-d'œuvre, plus-value par kilog	1 00
225	Art. **57**. — Encaissement de plomb pour réservoir, jusqu'à 50 kil. inclusivement . . . . Prix du kilog.	0 15
226	Encaissement de plomb pour réservoir de 50 kil. à 100 kil. inclusivement . . . . id	0 075
227	Encaissement de plomb pour réservoir au-dessus de 100 kil . . . . id	0 06
228	Art. **58**. — Collet en plomb battu sur l'épaisseur du bois des réservoirs . . . . Le mèt. lin.	0 20
229	Art. **59**. — Angle au raccord de collet en plomb sur les épaisseurs des réservoirs, ajusté et soudé. La pièce	0 35

NUMÉROS d'ordre.		PRIX.
230	Art. **60**. — Cheneau en plomb pour montage et pose. . . . . Prix du kilog.	0 052
231	Art. **61**. — Coupe sur plomb pour alaiser les cheneaux et pour les têtes ou angles... Le mèt. lin.	0 10
232	Nota. — Il ne sera accordé qu'une seule coupe sur la longueur du cheneau.	
233	Art. **62**. — Battage de rive sur plomb, ployée et contre-ployée. Le mèt. lin.	0 10
234	Art. **63**. — Plomb de cheneau, battu en double épaisseur suivant les ressauts et les angles, emboutis évitant les soudures. Vaut l'un.	1 10
235	Nota. — Tout angle saillant ou rentrant embouti à même du plomb du cheneau, soit pour saillie d'appui de poteaux de lucarnes souches ou autres, seront comptés suivant leur valeur.	
236	Art. **64**. — Plomb tourné pour tuyaux ou manchons pour garde-robe, dresser les rives et faire la nervure pour recevoir la soudure. . . . . Prix du kilog.	0 04
237	Art. **65**. — Plomb en table pour terrasson de 0 k. 00 à 50 k. 00 inclusivement, compris tout battage de relief et ajustement. . . . . Prix du kilog.	0 15
238	Plomb en table pour terrasson de 51 k. 00 à 100 k. inclusivement, compris tout battage de relief et ajustement . . . . Prix du kilog.	0 075
239	Plomb en table pour terrasse, terrasson, balcon, au-dessus de 101 kil. . . . . id.	0 04
240	Art. **66**. — Relief battu d'équerre pour les plombs portant n° 239 à l'article 65. Plus-value par mètre linéaire.	0 25
241	Nota. — Le linéaire sera compté sans déduction du vide des baies.	
242	Plomb pour balcon ou terrasse formant ourlet fait sur bande en zinc ou roulé plein. Plus-value par mètre linéaire.	0 40
243	Nota. — Le prix de 0 40 comprend l'établissement des échafauds.	
244	Plomb pour balcon embouti suivant l'appui en bois ou en fer. Plus-value par mètre linéaire.	0 10
245	Battage de plomb en double épaisseur pour terrasse à ressaut ou pour plomb recouvrant les tasseaux en double épaisseur. Plus-value par mètre linéaire.	0 75
246	Ourlet roulé plein pour jonction des tables pour terrasse ou balcon. Plus-value par mètre linéaire.	0 90
247	Art. **67**. — Ajustement de gousset en plomb pour ébrasement de baie, saillie de mur au poteau de lucarne. (Les soudures non comprises dans les prix ci-dessous seront comptées suivant leur largeur et leur épaisseur).	
248	Pour gousset d'équerre avec ou sans entailles pour appui. . . . . La pièce.	0 15
249	Pour gousset biais compris tout ajustement . . . . id. . . .	0 20
250	Art. **68**. — Plus-value par mètre linéaire pour plomb de terrasse, balcon battu sur les rigoles formant cheneau.	0 50
251	Coupe pour le passage du plomb au droit des montants en fer, compris battage de plomb en raccord. Prix du mètre linéaire.	0 20
252	Nota. — Les soudures seront comptées suivant leur largeur et leur épaisseur.	
253	Art. **69**. — Collet rapporté et soudé pour former relief au droit de ses montants en fer, compris soudure. . . . . La pièce.	0 80
254	Art. **70**. — Montants en fer pour balcon en fer ou tuteur idem, limé et étamé pour recevoir la soudure. . . . . La pièce.	0 70
255	Art. **71**. — Embase de zinc portant 4 angles soudés, et soudure sur fer et zinc. . . . . La pièce.	0 80
	Embase en cuivre façonnée et soudée en fer, comme celle ci-dessus. id. . . .	1 15
256	Art. **72**. — Pour les joints de tuyaux faits avec les brides en fer; battage de collet sur tuyau en plomb de toute épaisseur, et suivant leur diamètre intérieur :	
257	De 0,010 à 0,015 inclusivement, diamètre intérieur. . . . . La pièce.	0 15
258	0,016 à 0,020 id. id. . . . . id. . . .	0 20
259	0,025 à 0,035 id. id. . . . . id. . . .	0 25
260	0,040 à 0,045 id. id. . . . . id. . . .	0 30
261	0,050 à 0,055 id. id. . . . . id. . . .	0 35

NUMÉROS d'ordre.		PRIX.
262	De 0,060 à 0,065 inclusivement, diamètre intérieur................ La pièce.	0 40
263	0,070 à 0,075 id. id.................................. id...	0 45
264	0,080 à 0,085 id. id.................................. id...	0 50
265	0,090 à 0,095 id. id.................................. id...	0 55
266	0,100 à 0,110 id. id.................................. id...	0 60
267	0,120 à 0,130 id. id.................................. id...	0 70
268	0,140 à 0,150 id. id.................................. id...	0 80
269	0,160 à 0,170 id. id.................................. id...	0 85
270	0,180 à 0,190 id. id.................................. id...	0 95
271	0,200 à 0,210 id. id.................................. id...	1 00
272	0,220 à 0,230 id. id.................................. id...	1 05
273	0,240 à 0,250 id. id.................................. id...	1 15
274	0,260 à 0,270 id. id.................................. id...	1 25
275	0,280 à 0,300 id. id.................................. id...	1 35
276	0,310 à 0,330 id. id.................................. id...	1 55
277	Collets battus sur tuyaux pour moignons, tuyaux d'évier, tuyaux urinoirs, mêmes prix que ceux ci-dessus, suivant le diamètre intérieur du tuyau.	
278	Collet intérieur embouti au chencau, évitant les soudures, 1/3 en plus des prix ci-dessus, et suivant le diamètre intérieur.	
279	Emboîture battue jusqu'à 0,10 de hauteur pour jonction. plomb et fonte, pour tuyau de descente ou de fosse, moitié en plus du prix des collets, suivant le diamètre intérieur du tuyau.	
280	Emboîture battue au manchon plomb recevant les garde-robes et les siéges de tous modèles, moitié du prix des collets, et suivant le diamètre intérieur.	
281	Art. **73**. — Pour les joints de brides ou autres, cuir gras suivant le diamètre intérieur des tuyaux :	
282	Pour tuyau de 0,01 à 0,025 inclusivement, diamètre intérieur................. La pièce.	0 23
283	id. 0,027 à 0,030 id. id............................. id...	0 25
284	id. 0,035 à 0,040 id. id............................. id...	0 30
285	id. 0,045 à 0,050 id. id............................. id...	0 35
286	id. 0,055 à 0,060 id. id............................. id...	0 40
287	id. 0,065 à 0,070 id. id............................. id...	0 45
288	id. 0,075 à 0,080 id. id............................. id...	0 50
289	id. 0,085 à 0,090 id. id............................. id...	0 55
290	id. 0,095 à 0,100 id. id............................. id...	0 60
291	id. 0,110 à 0,120 id. id............................. id...	0 63
292	id. 0,130 à 0,140 id. id............................. id...	0 70
293	id. 0,150 à 0,160 id. id............................. id...	1 00
294	id. 0,170 à 0,180 id. id............................. id...	1 10
295	id. 0,190 à 0,200 id. id............................. id...	1 20
296	id. 0,210 à 0,220 id. id............................. id...	1 30
297	id. 0,230 à 0,240 id. id............................. id...	1 50
298	id. 0,250 à 0,260 id. id............................. id...	1 60
299	id. 0,270 à 0,280 id. id............................. id...	1 70
300	id. 0,290 à 0,300 id. id............................. id...	1 80
301	id. 0,310 à 0,320 id. id............................. id...	1 90
302	id. 0,330 id. id............................. id...	2 00
303	Art. **74**. — Réservoir en tôle monté sur cornière ou angles ronds, rivets, cornière de ceinture et boulons pour écartement, compris toute fourniture et main d'œuvre, descente ou montage à toute hauteur :	
304	De 25 k. 00 à 50 k. 00 inclusivement................................ Prix du kilog.	1 25
305	50 k. 00 à 75 k. 00 id.. id.....	1 10
306	75 k. 00 à 100 k. 00 id.. id.....	1 00
307	100 k. 00 à 200 k. 00 id.. id.....	0 75
308	200 k. 00 à 300 k. 00 id.. id.....	0 70
309	300 k. 00 à 600 k. 00 id.. id.....	0 65

NUMÉROS d'ordre.		PRIX.
310	De 600 k. 00 à 1000 k. 00 inclusivement................................ Prix du kil.	0 625
311	1000 k. 00 et au-dessus... id....	0 60
312	Nota. — Les prix ci-dessus sont pour réservoirs carré long régulier ou circulaire régulier.	
313	Tout réservoir portant des angles rentrants ou de forme irrégulière pour épouser la forme des emplacements sera payé suivant la main d'œuvre et les déchets occasionnés pour le travail.	
314	Tout réservoir monté sur place, mais dont l'emplacement permettra de faire des rivures sans être obligé de le déplacer, il sera alloué une plus-value sur les prix ci-dessus par kilog...............	0 04
315	Tout réservoir monté dans un emplacement qui nécessiterait un déplacement pour faire chaque rivure, le travail sera payé suivant attachement reconnaissant le temps passé.	
316	Les prix portés ci-dessus seront diminués de 5 p. 100 par kilog. pour compensation du temps qui serait reconnu par attachement.	
317	L'heure de compagnon et aide-monteur sera payée.....................................	1 30
318	Art. **75.** — Percement sur tôles de toute épaisseur pour le passage des boulons pour joints de distribution... La pièce.	0 30
319	Art. **76.** — Percement sur tôle de toute épaisseur pour arrivée d'eau ou pour départ :	
320	De 0,015 de diamètre à 0,035... La pièce.	0 45
321	0,040 id. à 0,055.. id...	0 65
322	0,060 id. à 0,080.. id...	0 85
323	0,090 id. à 0,110.. id...	1 10
324	Art. **77.** — Serrage de boulon pour joint de bride fait sur réservoir ou sur chaudière, compris pose de rondelles en fer, et pose de la garniture du joint, et suivant la quantité de boulons...... L'un.	0 33
325	Nota. — Lorsque le robinet sera posé directement sur le réservoir, le prix de la pose sera payé suivant son diamètre, et de plus le prix alloué pour chaque boulon.	
326	Art. **78.** — Rondelle en carton pour joint de bride de robinet, et joint à double bride ou rondelle pour joint sur réservoir, lesdites imprégnées d'huile et enduites des deux faces :	
327	Empaisseur du carton de 0,005... Prix du mèt. sup.	4 65
328	id. id. 0,008.. id......	6 85
329	Art. **79.** — Les rondelles en plomb seront payées au poids et suivant le cours du plomb au jour de la fourniture.	
330	Pour façon de rondelle fondue sur égale épaisseur ou non, vu les joints obliques, il sera ajouté par kil.	0 20
331	Pour rondelle découpée dans les plombs coulés ou laminés, il sera ajouté pour façon par kilog...	0 17
332	Art. **80.** — Minium et chanvre pour enduire les rondelles, il sera ajouté par kilog..............	0 18
	Minium pour conduire les parois des réservoirs ou toute autre pièce que rondelle : pour fourniture et façon.. Le kilog.	2 95
333	Art. **81.** — Vieux plomb donné en échange au jour de la livraison du plomb neuf, déduction faite de 4 kil. 00 par 100 kil.	
334	Prix accordés pour la refonte... Le kilog.	0 10
335	Plomb donné en avoir et non changé pour plomb neuf, même prix que ci-dessus.............	0 10
336	Pour chargement, transport et déchargement de vieux plomb donné en avoir et non échangé :	
337	Jusqu'à 300 k. 00 inclusivement. Par livraison..................................	2 25
338	id. 500 k. 00 à 1000 k. 00 inclusivement................................ Par 100 kil.	0 60
339	Au-dessus de 1000 kil. 00.. Par 100 kil. en plus.	0 30
340	Art. **82.** — Fourniture du mastic de fontainier............................... Prix du kil.	0 30
341	id. id. compris charbon et emploi................ id....	0 70
342	Collet pour tuyau ou bonde d'évier fait en mastic de fontainier, pour fourniture et main d'œuvre. La pièce...	0 60
343	Les bondes d'évier à boisseau et les bondes syphoïdes fixées sur les pierres par des collets en mastic, ne portant ni limage ni étamage, les prix portés à l'art. 19 pour pose seront réduits de moitié.	

NUMÉROS d'ordre.		PRIX.
344	ART. **83**. — Robinets dits d'ordonnance, robinets d'arrêt ou à tête, systèmes brevetés, seront payés suivant les tarifs des différents fournisseurs, augmentés de 10 p. 100 pour bénéfice.	
	Robinets en cuivre à tête et à deux eaux, au-dessous de 3 kil. :	
345	Diamètre intérieur de 0,010... La pièce.	2 25
346	id. 0,013.. id...	3 30
347	id. 0,015.. id...	3 85
348	id. 0,018.. id...	4 70
349	id. 0,020.. id...	6 05
350	id. 0,023.. id...	6 60
351	id. 0,025.. id...	7 15
352	id. 0,027.. id...	7 70
353	id. 0,030.. id.....	11 55
354	Les robinets en cuivre de 0,034 à 0,053 de diamètre...................... Le kilog.	4 40
355	id. au-dessus de 0,050 de diamètre............................... id...	4 10
	Robinets en bronze à tête et à deux eaux, au-dessous de 3 kil. :	
356	Diamètre intérieur de 0,010... La pièce.	3 60
357	id. 0,013.. id...	5 10
358	id. 0,015.. id...	5 65
359	id. 0,018.. id...	6 30
360	id. 0,020.. id...	7 65
361	id. 0,023.. id...	8 55
362	id. 0,025.. id...	9 25
363	id. 0,027.. id...	10 15
364	id. 0,030.. id...	12 60
365	Les robinets en bronze de 3 à 4 kil. exclusivement...................... Prix du kilog.	4 90
366	Les robinets en bronze pesant 4 kil. et au-dessus, 0 10 en moins du prix ci-dessus par chaque kilog, et sans que le prix du kil. descende au-dessous de 4 fr, 50.	
	Robinets en cuivre à S :	
367	Diamètre intérieur de 0,013... La pièce.	5 20
368	id. 0,020.. id...	7 15
369	id. 0,027.. id...	11 55
370	Au-dessus de 0,027 de diamètre... Prix du kilog.	4 40
	Robinets en bronze à S :	
371	Diamètre intérieur de 0,013... La pièce.	7 00
372	id. 0,020.. id...	8 75
373	id. 0,027.. id...	14 00
374	Au-dessus de 0,027 de diamètre... Prix du kilog.	4 90
	Robinets flotteurs en cuivre jaune, clef à ajustace, et douille se soudant sur le tuyau :	
375	Diamètre intérieur de 0,013... La pièce.	3 85
376	id. 0,018.. id...	4 40
377	id. 0,020.. id...	5 20
378	id. 0,027.. id...	7 40
379	id. 0,035.. id...	10 45
	Robinets flotteurs en cuivre jaune, portant brides, la double bride pour former pression avec le tuyau :	
380	Diamètre intérieur de 0,013... La pièce.	6 05
381	id. 0,018.. id...	7 15
382	id. 0,020.. id...	8 00
383	id. 0,027.. id...	11 80
384	id. 0,035.. id...	16 00
385	Les robinets flotteurs au-dessus de 0,045 mill. seront comptés................... Le kilog.	5 00
386	NOTA. Les robinets flotteurs système breveté, à clapet, seront payés suivant les prix des tarifs des différents fournisseurs, augmentés de 10 pour 100 pour bénéfice.	

NUMÉROS d'ordre.		PRIX.
	Boules d'air en cuivre rouge étamé pour robinets flotteurs :	
987	De 0,15 de diamètre.. La pièce.	9 55
388	0,20 id.. id...	11 50
389	0,25 id.. id...	13 75
	Boules d'air en zinc pour robinets flotteurs :	
390	De 0,15 de diamètre.. La pièce.	4 00
391	0,20 id.. id...	5 00
392	0,25 id.. id...	6 00
393	Nota. Les tiges seront évaluées suivant la force du fer et sa façon.	
	Robinets col de cygne avec raccord et rosace :	
394	De 0,010 de diamètre....................................... La pièce.	4 15
395	0,013 id.. id...	6 30
396	0,018 id.. id...	8 80
397	0,023 id.. id...	12 10
398	0,027 id.. id...	16 50
	Robinets de jauge à 3 clés et moraillons pour y adapter un cadenas :	
399	De 0,021 de diamètre compris cadenas....................... La pièce.	27 50
400	0,027 id. id.. id...	35 00
401	**Art. 84.** — Ajustement et pose de robinet à tête, robinet d'arrêt ou raccord de robinet :	
401	De 0,010 à 0,015 inclusivement, diamètre intérieur. .... La pièce.	0 40
402	0,018 à 0,030 id. id.. id...	0 45
403	0,034 à 0,050 id. id.. id...	0 50
404	Branchement pour tuyau fait sur une maîtresse conduite, il sera accordé le même prix que ci-dessus, mais suivant le diamètre intérieur du tuyau branché.	
405	Pour la pose des robinets à tête et des robinets flotteurs, se montant sur raccord, il sera alloué le même prix que ci-dessus, la fourniture de cuir, chanvre ou minium compris.	
406	Pose de robinet flotteur à brides, mêmes prix que ceux portés à l'article 84, et suivant leur diamètre intérieur.	
407	Pose de coulisse sur boule d'air, compris soudure et réglage pour le niveau d'eau.... La pièce.	1 00
408	**Art. 85.** — Robinets à deux brides, ajustés et posés en élévation ou descendus dans les regards ou dans les galeries :	
409	De 0,055 à 0,070 inclusivement, diamètre intérieur............................... La pièce.	0 70
410	0,080 à 0,110 id. id.. id...	0 90
411	**Art. 86.** — Raccords à trois pièces en cuivre jaune composées de deux douilles et écrou de serrage :	
411	Diamètre intérieur de 0,015................................. La pièce.	2 50
412	id. 0,020.. id...	2 75
413	id. 0,025.. id...	3 25
414	id. 0,030.. id...	4 00
415	id. 0,035.. id...	5 25
416	id. 0,040.. id...	7 00
417	id. 0,045.. id...	9 25
418	id. 0,050.. id...	12 00
419	Pour raccord portant un rodage intérieur, plus-value sur chaque prix ci-dessus.................	0 75
420	**Art. 87.** — Robinets à ajustage, rodés et rajustés :	
420	Diamètre intérieur de 0,015................................. La pièce.	0 50
421	id. 0,020.. id...	0 65
422	id. 0,025.. id...	0 80
423	id. 0,030.. id...	1 00
424	id. 0,035.. id...	1 15

NUMÉROS d'ordre.		PRIX.
425	Diamètre intérieur de 0,040...................................... La pièce.	1 30
426	id. 0,045.. id...	1 45
427	id. 0,050.. id...	1 65
428	id. 0,055.. id...	1 80
429	id. 0,060.. id...	1 95
430	id. 0,065.. id...	2 15
431	id. 0,070.. id...	2 30
432	id. 0,075.. id...	2 45
433	id. 0,080.. id...	2 65
434	id. 0,090.. id...	3 10
435	id. 0,100.. id...	3 30
436	id. 0,110.. id...	3 65
437	Les prix ci-dessus ne comprennent réellement que le travail du rodage de robinet fait par un ouvrier ajusteur ; il sera alloué en plus des prix ci-dessus la valeur du temps passé pour aller et retour de l'ouvrier suivant la distance ; le 1/10 sera payé..	0 67
438	ART. **88**. — Pour robinets réparés : Clavettes doubles en cuivre pour fourniture et pose :	
439	Pour robinet de 0,010 à 0,027 mill. de diamètre intérieur........................... La pièce.	0 25
440	id. 0,034 id. id... id...	0 35
441	id. 0,041 id. id... id...	0 45
442	id. 0,054 id. id... id...	0 50
443	ART. **89**. — Pour rooinets réparés, fourniture de rondelles en cuivre et suivant le diamètre intérieur des robinets :	
444	Diamètre intérieur de 0,027...................................... La pièce.	0 35
445	id. 0,034.. id...	0 50
446	id. 0,041.. id...	1 00
447	id. 0,054.. id...	1 70
448	id. 0,081.. id...	3 00
449	id. 0,108.. id...	4 00
450	ART. **90**. — Ecrous en cuivre fondu pour clef de robinets réparés, pour fourniture, façon et pose :	
451	Pour robinet de 0,06 à 0,08 diamètre intérieur................................... La pièce.	2 00
452	id. 0,09 à 0,110 id... id...	3 00
453	ART. **91**. — Raccords à trois pièces en cuivre composées de deux douilles et écrous de serage, pour tuyaux d'arrosage en cuir ou en toile :	
454	Pour tuyau de 0,020, diamètre intérieur.................................... La pièce.	2 30
455	de 0,025 ou de 0,027 id... id...	2 90
456	0,030 id... id...	3 80
457	0,035 id... id...	4 60
458	0,040 id... id...	5 35
459	0,045 id... id...	7 30
460	0,050 id... id...	9 00
461	Au-dessus de 0,050 de diamètre.. Prix du kilog.	4 50
462	ART. **92**. — Ligature en fil de fer galvanisé ou en laiton pour raccord :	
463	Pour tuyau de 0,02 diamètre intérieur.................................... La pièce.	0 60
464	0,025 ou 0,027 id... id...	0 70
465	0,030 id... id...	0 80
466	0,035 id... id...	0 90
467	0,040 id... id...	1 00
468	0,045 id... id...	1 10
469	0,050 id... id...	1 20

ZINCAGE.

NUMÉROS d'ordre.		PRIX.
470	Art. **93**.— Couverture en zinc, pour comble ordinaire et à pente rapide, comble circulaire, brisis droit et circulaire, fait en zinc neuf, du n° **12** au n° **16**, prix moyen pour façon, montage et pose des feuilles, couvre-joints, arêtiers et faîtages, compris toute fourniture et emploi de soudure, clous, vis, tamponnages et toutes mains-d'œuvre accessoires, telles que talons et têtes en chevalement de couvre-joint, têtes idem pour arêtiers et faîtage, pattes, gaînes, agrafes ou calottins, qui ne seront comptés que comme fourniture de zinc : le mètre superficiel d'après la surface du zinc développée :	
471	Pour couverture ordinaire, en feuilles de 0,50 de largeur................ Le mètre superf.	1 10
472	id. id. 0,65................................. id......	1 00
473	id. id. 0,80................................. id......	0 90
474	Pour couverture sur comble rapide, la pente au-dessus de 0,50 par mètre et pour brisis, en plus des prix ci-dessus et suivant la largeur des feuilles 1/3 en plus.	
475	Pour couverture sur comble circulaire quelle que soit la ceinture, en plus des prix ci-dessus et suivant la largeur des feuilles, 1/2 en plus.	
476	Pour couverture soudée (les soudures faites aux jonctions des bouts de feuille seulement), en plus des prix ci-dessus 3/20, mais suivant le développé des feuilles seulement.	
477	Art. **93** *bis*.— Vieux zinc provenant de découverture, redressé sur les reliefs et les agrafures, les feuilles employées sans être équarries :	
478	Pour couverture ordinaire, feuilles de 0,50 de largeur...................... Le mètre sup.	1 45
479	id. id. 0,65 id................................ id.....	1 35
480	id. id. 0,80 id................................ id.....	1 25
481	Pour couverture sur comble rapide et portant le n° **474** de l'article 93 et pour couverture sur comble circulaire, etc., portant le n° **475** de l'article **93**, il sera accordé les mêmes plus-values, mais prises sur les prix de couverture neuve et suivant les largeurs des feuilles.	
482	Pour couverture en vieux zinc soudé aux jonctions des bouts de feuille seulement, il sera accordé une plus-value de 1/7 sur les prix de façon des n°ˢ 478, 479 et 480, portés à l'art. 93 (*bis*).	
483	Art. **94**. — Coupe sur zinc pour équarrir les feuilles provenant de découverture..... Le mètre lin.	0 05
484	Art. **95**. — Tout zinc neuf en feuilles ou par parties employées pour raccord sur couverture en vieux zinc ou pour le complément de la couverture, le zinc pour couvre-joints, pattes, gaînes, agrafes et calottins, sera compté suivant la largeur des feuilles et aux mêmes prix que ceux de la couverture neuve, art. n° 93.	
485	Art. **96**. — Le métré de la couverture sera fait suivant le développé de tout le zinc employé, mais tout vide déduit en conservant les reliefs pour leur hauteur réelle.	
486	Art. **97**. — Talons et têtes en chevalement soudés pour couvre-joints, arêtier, faîtage pour plus-value sur les prix de la couverture en zinc neuf...	0 10
487	Talons et têtes en réparation pour zinc et soudure................................ La pièce.	0 20
488	Jonctions soudées aux arêtiers ou au faîtage, pour pénétration de couvre-joints......... id...	0 10
489	Angle soudé, rentrant ou saillant, quelle que soit la hauteur du relief, soit sur zinc neuf ou vieux. La pièce..	0 25
490	Angle soudé sur bande solin ou zinc vieux ou neuf, à boudin ou ourlet plat............. id...	0 25
491	Coupe biaise sur zinc portant agrafure ou ployage............................. Le mèt. lin.	0 25
492	Coupe biaise simple sur zinc pour être soudée.................................... id....	0 10
493	Coupe circulaire sur zinc quel que soit le cintre................................... id....	0 25

3

NUMÉROS d'ordre.		PRIX.
494	Toute façon faite sur les rives découpées circulaires, soit agrafures bord tombant, sera payée suivant le travail.	
495	**Art. 98.** — Façon et pose de bandes solins, portant ourlet plat de 0^m,10 de largeur.... Le mèt. lin.	0 35
496	Les mêmes bandes de solins portant ourlet boudin rond, rechassé jusqu'à 0^m,12 de larg.... id....	0 42
497	Les mêmes bandes que celles nᵒˢ 495, 496. Au-dessus de 0^m,12 de largeur et quelle que soit leur largeur... Le mèt. lin.	0 45
498	Pour les bandes solins pour couverture en zinc, lesdites étant comptées avec la superficie de la couverture, il ne sera alloué, quelle que soit leur largeur, qu'une plus-value par mètre linéaire de..	0 30
499	**Art. 99.** — Bandes, agrafes en zinc, portant 1/2 boudin rond, quelle que soit leur largeur pour façon et pose... Le mèt. lin.	0 40
500	Pour les bandes agrafes pour couverture en zinc, quelle que soit leur largeur, le zinc étant compté avec celui de la couverture, il ne sera alloué qu'une plus-value par mètre de............	0 30
501	Dépose de bande d'agrafe ou de bande solin, 1/10 des prix ci-dessus :	
502	**Art. 100.** — Balcon, terrasse ou terrasson, au-dessus de 1,00 de largeur et de 1^m,00 de hauteur :	
503	Pour façon et pose suivant le développé réel du zinc......................... Le mèt. sup.	0 40
504	Plus-value pour façon de relief d'équerre, quelle que soit la hauteur, sans déduire les baies. Le mètre linéaire..	0 10
505	Plus-values pour rives de zinc portant larmier ou boudin rond.................. Le mèt. lin.	0 45
506	Les soudures seront développées et payées suivant celles sur zinc, portées à l'art. 101.	
507	Pour emploi de vieux zinc, pour plus-value, les coupes seront développées et payées aux mêmes prix que celles portées à l'art. 94.	
508	Pour terrasse ou balcon à ressauts, le mètre linéaire de façon de zinc fait à double larmier, sera payé le double du prix du larmier portant nᵒ 505 à l'art. 100.	
509	Pour terrasse ou balcon au-dessous de 1,00 de largeur, se reporter à l'article des bandeaux.	
510	Lorsque les terrasses ou les balcons auront des chéneaux, ils seront payés suivant leur valeur.	
511	**Art. 101.** — Soudure faite sur zinc neuf.. Le mèt. lin.	0 50
512	Soudure faite sur zinc vieux.. id....	0 65
513	Charbon.. Le décalitre.	0 55
514	**Art. 102.** — Tuyaux de descente en zinc nᵒ 12, pour façon et pose, compris fourniture de crochets à pointe espacés de 0,81 en 0,81.	
515	Tuyaux de 0,02 à 0,08 diamètre inclusivement........................... Le mèt. lin.	1 20
516	id. 0,08 à 0,11 id... id....	1 30
517	id. 0,11 à 0,16 id... id....	1 40
518	id 0,16 à 0,20 id... id....	1 50
519	id. 0,20 à 0,25 et au-dessus.. id....	1 60
520	Nota. — Pour les descentes posées en réparation soit : par parties ou de toute hauteur du batiment, la pose et la dépose de la corde à nœuds, seront payées suivant les difficultés.	
521	Tout crochet posé en plus que le nombre indiqué ci-dessus ne sera pas payé, ceux posés en moins seront déduits.	
522	**Art. 103.** — Crochets à pointe pour fourniture et pose :	
523	Pour tuyaux jusqu'à 0,08 diamètre inclusivement............................. La pièce.	0 15
524	id. 0,08 id.. id....	0 20
525	id. 0,11 id.. id....	0 25
526	Pour tuyaux au-dessus de 0,11 de diamètre et jusqu'à 0,25 et au-dessus. Collier en fer plat de 0,03 de largeur et 0,05 d'épaisseur (Lesdits espacés de 1,00). Pour fer et façon, compris pose. Le mètre linéaire..	0 80
527	Pour les percements et les scellements en mur, se reporter aux art. 39, 40 et 41.	
528	**Art. 104.** — Plus-value sur la façon des tuyaux	
529	Pour un coude, en plus de la longueur.. 0^m,15	
530	Pour un dauphin, portant bague et renfort, en plus de la longueur.................... 0^m,30	

NUMÉROS d'ordre.		PRIX.
531	Pour un branchement sur tuyau, gouttière au chéneau, en plus de la longueur......... $0^m,30$	
532	Pour chapeau conique monté sur 3 branches pour zinc, façon, pose et suivant le diamètre du tuyau il sera alloué en plus de la longueur de la descente........................... $1^m,00$	
533	Tout chapeau conique portant ornement ne sera alloué que sur ordre écrit de l'architecte et payé suivant sa valeur.	
534	Art. **105**. — Gouttière en zinc n° 12 pour façon et pose, compris fourniture de supports espacés de 0,81 en 0,81.	
535	Gouttière jusqu'à 0,16 développé...	1 10
536	id. 0,22 id...	1 20
537	id. 0,25 id...	1 30
538	id. 0,325 id...	1 40
539	Les crochets posés en plus, vu l'écartement des chevrons, seront payés suivant les prix portés à l'art. 106. Tout crochet posé en moins que la demade ci-dessus, sera déduit :	
540	Pour gouttières portant leur pente, la façon et la pose seront payées suivant la largeur moyenne, il ne sera alloué, comme plus-value, que 0 fr. 10 par mètre linéaire pour la coupe biaise.........	0 10
541	Pour gouttière double, la première étant posée à niveau et sur crochet sera payée suivant les prix ci-dessus; la deuxième gouttière sera payée suivant les prix ci-dessus mais déduction faite des crochets.	
542	Art. **106**. — Crochets en fer pour gouttière en zinc :	
543	De 0,16 de développé inclusivement... La pièce.	0 20
544	0,25 id.. id...	0 25
545	0,325 id.. id...	0 40
546	Lorsque les gouttières seront posées sur entablement et qu'il sera fourni des crochets en fer plat, ils seront payés suivant leur valeur et déduction sera faite des crochets dus par l'entrepreneur :	
547	Plus-value pour crochet chantourné pour être cloué sur le côté des chevrons......... La pièce.	0 10
548	Façon d'équerre pour angle biais ou à 45 degrés, fonds pour fourniture et façon, il sera alloué 0,15 sur la longueur de la gouttière.	
549	Nota. — Pour les gouttières et les tuyaux ci-dessus, il ne sera alloué que du zinc n° 12. Pour tout numéro au-dessus, l'entrepreneur devra se faire donner un ordre par écrit de l'architecte ou du propriétaire.	
550	Art. **107**. — Vieilles gouttières et tuyaux en vieux zinc, quels que soient le développement ou le diamètre :	
551	Pour dépose desdits, compris la dépose des crochets, descente et rangement....... Le mèt. lin.	0 10
552	Pour descellement de collier, il sera alloué le 1/3 des prix portés aux art. 39, 40 et 41.	
553	Dépose de gouttières et tuyaux quel qu'en soit le diamètre et repose, compris simple nettoyage et pose de crochets... Le mèt. lin.	0 55
554	Gouttières et tuyaux de tout diamètre, déposés, refaçonnés sur mandrin, soudure longitudinale, en réparation, soudure pour jonction, et pose compris la pose des crochets.......... Le mèt. lin.	0 75
555	Pose de colliers vieux ou neufs, faits dans les anciens scellements, moitié des prix portés aux art. 39, 40 et 41.	
556	Pour la fourniture des colliers en fer plat, se reporter au n° 526 de l'art. 103.	
557	Pour la fourniture des crochets pour tuyaux et gouttières, se reporter aux n°⁸ 523, 524 et 525 à l'art. n° 103 et aux n°ˢ 543, 544 et 545 de l'art. n° 106.	
558	Pour crochets de gouttières, crochets ou colliers de tuyaux, fournis en réparation, se reporter aux articles précédents.	
559	Art. **108**. — Nez en zinc fournis et soudés sur tuyaux vieux ou neufs.	
560	Pour tuyaux jusqu'à 0,16 diamètre exclusivement................................. La pièce.	0 25
561	id. de 0,160 à 0,200 id................................ id...	0 30
562	id. de 0,200 à 0,250 id................................ id...	0 35
563	Art. **109**. — Percement sur zinc pour tuyaux quel qu'en soit le diamètre............ Le mèt. lin.	0 35
564	Percement de voligeage ou plancher de couverture jusqu'à 0,027 d'épaisseur. Le mètre linéaire développé..	0 20
565	Coupe biaise pour ajustement de tuyaux sur la couverture. Le mètre linéaire développé........	0 10

Nº d'ordre		PRIX
566	Les collets battus sur le zinc de la couverture ou sur tuyau de zinc, seront payés suivant leur diamètre, 1/3 en moins des prix alloués pour collet battu sur tuyaux de plomb article nº 72.	
567	Soudure de collet en zinc sur zinc, la circonférence développée est payée le mètre linéaire......	0 65

568   ART. **110.** — Bandeaux en zinc, quel qu'en soit le numéro, pour recouvrement de bandeaux, entablement, saillie d'attiques, appuis de croisée pour façon et pose, compris clous ou vis recouverts de calottes en zinc soudées, soudures de jonction faites de 2,00 en 2,00, compris engravure faite à la scie ou à la griffe, et remplissage des engravures en plâtre.

Façons de bandeaux posés avec
engravure à la scie.

Façons de bandeaux posés avec
tranchée en mur.

Nº			PRIX
569	Au-dessous de 0,15 de largeur................................. Le mèt. lin.		0 83
570	De 0,15 à 0,20 de largeur exclusivement........................... id....		0 85
571	0,20 à 0,25 id. id.. id....		0 89
572	0,25 à 0,30 id. id.. id....		0 89
573	0,30 à 0,35 id. id.. id....		0 91
574	0,35 à 0,40 id. id.. id....		0 93
575	0,40 à 0,45 id. id.. id....		0 95
576	0,45 à 0,50 id. id.. id....		0 97
577	0,50 à 0,55 id. id.. id....		0 99
578	0,55 à 0,60 id. id.. id....		1 01
579	0,60 à 0,65 id. id.. id....		1 03
580	0,65 à 0,70 id. id.. id....		1 05
581	0,70 à 0,75 id. id.. id....		1 07
582	0,75 à 0,80 id. id.. id....		1 09
583	0,80 à 0,85 ik. id.. id....		1 11
584	0,85 à 0,90 id. id.. id....		1 13
585	0,90 à 0,95 id. id.. id....		1 15
586	0,95 à 1,00 id. id.. id....		1 17

587   NOTA. — Tout bandeau posé avec coulisseaux et non soudé aux jonctions ; la façon des agrafures et la fourniture des pattes-agrafes ne donnera lieu à aucune plus-value pour bandeau droit et circulaire.

588   Tout bandeau posé suivant la largeur des trumeaux et soudé en raccord avec les appuis, chaque soudure en plus que celles dues pour jonctions, calculées sur la largeur réelle du bandeau, s'il était posé par longueur de 2,00, sera payée en plus pour bandeau droit et circulaire, le mèt. lin.......   0 75

589   Tout bandeau qui sera posé avec entailles dans la maçonnerie ou dans la pierre, la tranchée sera payée suivant les articles 45, 46, 47 et 48, et il sera déduit sur le prix des façons des bandeaux ci-dessus 0 fr. 10 c. — Par mètre linéaire..   0 10

590   Pour bandeaux en vieux zinc redressés sur plat, le boudin reformé et reposé, même prix que pour les bandeaux neufs ci-dessus.

591   Pour bandeaux entièrement façonnés dans le vieux zinc, compris les coupes, façon, pose, etc., il sera alloué 1/5 en plus que les prix de façon des bandeaux neufs ci-dessus.

592   Dépose de bandeaux en zinc faite avec soin pour être remployés, compris dégagement de l'engravure, 1/5 des prix de façon et pose ci-dessus.

593   Dépose de bandeaux en zinc non remployés, 1/10 des prix de façon et pose ci-dessus.

594   Bandeaux cintrés en élévation, 1/5 en plus des prix ci-dessus pour façon et pose.

595   Pour bandeaux cintrés en plan, le métré sera pris sur le plus grand développé du cintre.

NUMÉROS d'ordre.		PRIX.
596	Plus-value pour façon de boudin dégorgé suivant le cintre, et quelle que soit la largeur du bandeau.. Le mèt. lin.	0 30
597	Coupe circulaire faite sur calibre.. id....	0 20
598	Il ne sera admis deux coupes circulaires pour un bandeau que lorsque le cintre sera trop prononcé pour que la partie au droit de l'engravure soit découpée sur calibre.	
599	Plus-value pour relief d'équerre ou bord doublé fait au marteau sur la rive du bandeau au droit de l'engravure.. Le mèt. lin.	0 15
600	Pour tous bandeaux cintrés en plan et qui seraient en deux parties sur la largeur, il ne sera rien alloué pour la soudure, et la croisure au droit de la soudure ne sera pas ajoutée au développé de la largeur.	
601	Tout bandeau droit ou circulaire façonné et posé par longueur de 1,00, travail fait par ordre de l'architecte, il sera ajouté au prix de façon, et suivant les largeurs, une plus-value de 1/3 des prix ci-dessus portés pour façon et pose des bandeaux droits.	
602	Appuis de croisée circulaire, il sera alloué les mêmes plus-values pour le métré, boudins et coupes ci-dessus.	
603	Aux mêmes appuis, lorsque le zinc sera dégorgé suivant l'appui en bois, il sera alloué une plus-value par mètre linéaire de..	0 55

APPUIS DE CROISÉE.

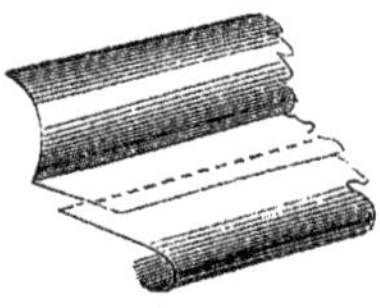

Figure 1.    Figure 2.    Figure 3.

604	Pour façon et pose en raccord avec les bandeaux (fig. 1), lorsque l'ordre aura été donné de poser les bandeaux sans interruption et que les appuis se poseront après coup, il sera réduit 0 fr. 15 par mètre linéaire sur les prix ci-dessus, mais la soudure sera payée au mètre linéaire suivant les prix portés aux nos 511 et 512, article 101.	
605	Lorsque la façon et la pose ci-dessus seront faites de la volonté de l'entrepreneur la soudure ne sera pas payée en plus.	
606	Pour façon et pose d'appui de toute largeur (fig. 2), se profilant avec les bandeaux, mêmes prix de façon et pose que pour les bandeaux.	
607	La clouure sera payée suivant l'espace entre les clous.	
608	Lorsque les appuis seront posés à dilatation libre (fig. 3) et qu'il y aura au droit de l'appui en bois une bande de zinc portant ourlet et clouure espacée de 0,01, le prix de façon et pose sera celui du bandeau au-dessous de 0,15 de largeur, mais compris la clouure.	

ART. **111**. — Bandes à cheval en zinc pour façon et pose.

609	Bande à cheval à deux boudins rechassés :	
610	Au-dessus de 0,15 de largeur.. Le mèt. lin.	0 83
611	De 0,15 à 0,20 id.. id....	0 85
612	0,20 à 0,25 id.. id....	0 87
613	0,25 à 0,30 id.. id....	0 89
614	Bande à cheval portant une agrafe plate et un boudin rechassé :	
615	Au-dessous de 0,15 de largeur.. Le mèt. lin.	0 55
616	De 0,15 à 0,20 de largeur inclusivement.. id....	0 57
617	0,20 à 0,25 id. id.. id....	0 59
618	0,25 à 0,30 id. id.. id....	0 61

NUMÉROS d'ordre.		PRIX.
619	**Art. 112.** — Bande de rive en zinc pour zinc en revêtement posé sur mur ou sur jouée de lucarne :	
620	Bande de rive sans bord doublé, de 0,06 de largeur, façon et pose compris clouure. Le mèt. lin.	0 35
621	Bande de rive avec bord doublé, etc., de 0,07 de largeur, façon et pose, compris clous. Le mètre linéaire....................	0 40
622	Nota. Il ne sera pas admis de largeur au-dessus de 0,06 et 0,07 pour ces bandes, à moins que l'on ne soit obligé de se clouer sur le bois qui se trouverait éloigné de la rive, et dans ce cas, il n'y aurait que la valeur du zinc qui serait payée, mais sans augmenter la façon.	
623	Bande d'égout tombant dans les gouttières, fermant le vide entre les larmiers de couverture et les basses pentes des gouttières. Façon et pose, compris la coupe biaise :	
624	Jusqu'à 0,10 de largeur inclusivement.................... Le mèt. lin.	0 45
625	de 0,12 de largeur et au-dessus.................... id....	0 55
626	Bande d'égout pour couverture en tuiles ou ardoises placées en raccord de la jouée des chéneaux, pour façon et pose compris la fourniture et pose des mains d'agrafes et coupe biaise, s'il en existe, même prix du mètre linéaire que pour les façons de bandeaux.	
627	**Art. 113.** — Zinc pour revêtement de mur et de jouée de lucarne, au-dessous de 1,00 de superficie pour façon et pose.................... Le mèt. sup.	1 10
628	Zinc pour jouée de lucarne au-dessous de 1,00 de superficie, sera compté au mètre linéaire comme façon et pose de bandeau, article 110 et suivant leur largeur moyenne, mais compris la coupe biaise portant bord doublé au boudin.	
629	Zinc pour jouée raccordant les lucarnes ornées en zinc ou en bois, moulure de couronnement, sera payé suivant sa valeur.	
630	**Art. 114.** — Gaînes complètes et pattes de gaînes en zinc.	
631	Gaîne complète pour fourniture de zinc, pose, clouure, soudure.................... La pièce.	0 30
632	Pattes de gaînes pour jouée de lucarne ou revêtement en zinc et bande d'égout pour fourniture de zinc, pose, soudure.................... La pièce.	0 10
633	Les mêmes pattes de gaînes, mais clouées sur mur pour bande à cheval....................	0 15
634	Lorsque les gaînes et pattes ci-dessus seront employées dans la couverture en zinc, le zinc sera développé avec celui de la couverture et ne donnera lieu à aucune des plus-values ci-dessus.	
635	Mains d'agrafe servant à maintenir les rives de zinc, telles que pour chéneau, revêtement et pour tout zinc employé en dehors de la couverture, pour zinc, façon et clouure....................	0 06
636	Les mêmes, mais avec soudure....................	0 10
637	**Art. 115.** — Raccords pour appui de croisée et accessoires à la façon des bandeaux.	
638	Collet d'ébrasement battu sur zinc, compris embouti au cintre de la pièce d'appui et angle soudé. La pièce....................	0 25
639	Nota. Lorsque les collets ci-dessus seront faits par plusieurs coupes sur le relief, il ne sera rien alloué pour ce travail.	
640	Jouée en zinc ajustée suivant le cintre de l'appui en bois quelle que soit la largeur de l'ébrasement.................... La pièce.	0 25
641	Soudure pour jouée des appuis.................... Le mèt. lin.	0 75
642	Retours de boudin pour appui de croisée ou bandeau, quelle que soit leur largeur.... La pièce.	0 10
643	Bandes de solins au-dessus des jouées, se reporter aux bandes solins portées aux nos 495, 496 et 497, article 98.	
644	1/2 nervure faite sur le bois pour noyer l'épaisseur du zinc.................... Le mèt. lin.	0 50
645	Entaille faite dans les ébrasements en plâtre, compris raccord en plâtre.................... La pièce.	0 25
646	Nota. Lorsque les ébrasements porteront chambranle, les raccords seront payés suivant leur valeur et la quantité de moulures.	

NUMÉROS d'ordre.		PRIX.

647	Onglets pour bandeaux pour double coupe biaise et soudure, la longueur développée sur l'onglet et compris boudin et relief s'il en existe.. Le mèt. lin.	0 95
648	Onglet de boudin seul pour coupe et soudure................................... La pièce.	0 15
649	Onglet pour bande portant plusieurs boudins, même prix que celui ci-dessus n° 648, mais par chaque boudin..	
650	Lorsqu'un coulisseau remplacera la soudure pour un onglet, le linéaire simple de la double coupe biaise formant 2 agrafures, sera payé compris la fourniture des agrafes............. Le mèt. lin.	0 50
651	Coulisseau en zinc depuis 0,08 de largeur jusqu'à 0,12 de largeur pour façon et pose. Le mèt. lin.	0 70

652	Soudure en raccord sur le boudin A... La pièce.	0 10
653	Soudure en raccord A et ployure d'équerre B, non soudée........................... id...	0 15
654	Soudure en raccord A et ployure d'équerre B, soudée.............................. id...	0 20
655	Tuyaux en zinc ou en plomb de 0,01 servant à l'écoulement de la buée intérieure des croisées, pour fourniture de zinc ou de plomb, pose, collets battus, dont un soudé et un cloué, percement du bois et du zinc.. La pièce.	0 70
656	Nota. Tout diamètre au-dessus de 0,04 ne donnera lieu à aucune plus-value.	

657	Art. **116**. — Clouure sur plomb ou sur zinc faite en clous à piston, espacés de 0,01... Le mèt. lin.	0 50
658	Même clouure espacée de 0,05.. Le mèt. lin.	0 30
659	Clouure espacée de 0,10.. id....	0 15

| 660 | Art. **117**. Chéneau en zinc formant gouttière.
        id.   formant encaissement. | |

Le zinc sera développé pour chéneau, moignon, tête, agrafe, besace et ressaut et payé suivant le prix du cours.

Le métré pour façon de chéneau; sera pris sur la longueur de la pente compris les cuvettes; pour la façon d'une cuvette il sera alloué la plus-value de deux ressauts.

661	Façon et pose des deux chéneaux en zinc jusqu'à 0,80 de largeur réduite et développée, compris les coupes de rives, pose des agrafes et soudure de jonction........................ Le mèt. lin.	1 85
662	Pour chéneau au-dessus de 0,80 de largeur, il ne sera alloué pour plus-value de façon que le prix de la soudure sur la longueur et sur les excédants de largeur seulement.	
663	Pour chéneau au-dessous de 0,80 de largeur, il sera réduit à 0 fr. 10 par chaque décimètre en moins et sans que le prix du mètre linéaire descende au-dessous de 1 fr. 05.	
664	Tête ajustée soudée, angle rentrant ou saillant, plus-value pour chaque de 0,30 sur la longueur.	
665	Besace pour toute pose, ajustement, soudure, plus-value par de 0,50 sur la longueur.	
666	Ressaut au droit des cuvettes et pour chéneau à gorge ou autre pour façon, soudure en bois, plus-value pour chaque de 1,00 sur la longueur.	
667	Chéneau façonné et posé en vieux zinc, provenant de découverture ou de vieux chéneau, plus-value de 1/5 sur le prix de façon et pose n° 661.	

NUMÉROS d'ordre.		PRIX.
668	Chéneau en vieux zinc, déposé pour être remployé, sera payé au mètre linéaire le 1/6 du prix de la façon, mais sans ajouter la plus-value. Cette plus-value ne sera pas allouée lorsque le chéneau n'aura pas été descendu.	
669	Chéneau déposé et non remployé, même prix que la découverture en zinc sans dévoligeage.	
670	Chéneau en zinc redressé sur place, jonction soudée s'il y a lieu, rives dressées et pose de mains d'agrafe, sera payé le 1/3 du prix de façon de chéneau neuf, en ajoutant les plus-values du n° 653 à 656. Le zinc pour les agrafes sera payé en surplus et suivant le cours.	
671	Art. **118**. — Membron ou couronnement de socle de chéneau.	

N° 1.   N° 2.

672	Pour façon et pose compris pattes soudées suivant figure n° 1, sera payé 0 fr. 25 de plus-value par mètre linéaire sur la façon des bandeaux, article 110.	
673	Lorsque les dessus de socle seront posés sans les agrafes A, même prix que pour la façon de bandeaux, article 110.	
674	Pour façon et pose suivant figure 2, sera payé 0 fr. 40 de plus-value par mètre linéaire sur la façon des bandeaux, article 110.	
675	Pour façon et pose sans les agrafes A, 0,25 en plus que la façon des bandeaux, article 110.	
676	Toutes les pattes en zinc pour les figures 1 et 2 seront payées en superficie pour la valeur du zinc.	
677	Toute façon autre que celles figures 1 et 2, sera payée suivant sa valeur.	
678	Tête en chevalement, angle saillant, rentrant ou autre plus-value pour chaque de 0,50 sur la longueur sur le prix de façon.	
679	Jonction à gaîne pour laisser la dilatation libre, composée de 3 pattes en zinc soudées dont 2 clouées, pour zinc, soudure, façon et pose... La pièce.	0 15
680	Lorsque, par ordre de l'architecte, il sera fourni et posé des coulisseaux façonnés suivant le membron, ils seront payés suivant la nature du travail.	
681	Les devants de socle seront payés pour façon et pose suivant les prix des bandeaux, article 110.	
682	Pour les coulisseaux, se reporter aux n°ˢ 651 à 654 de l'article 115.	

NUMÉROS d'ordre.		PRIX.
683	**Art. 119. —** Membrons en zinc. Le zinc pour les membrons, les agrafes et les têtes, sera développé et payé suivant le prix du cours.	

0,40   0,40   0,40

0,50   0,65

0,50   0,65

0,15

684	Pour façon et pose, compris pose des agrafes de la rive du haut, le zinc sera développé et payé chaque centimètre..	0 035
685	Angles rentrants, saillants ou autres, tête ajustée, soudée suivant le profil, pour chaque, il sera ajouté 0,50 sur la longueur.	
686	Jonction de membron, faite sur bande soudée épousant le profil et formant rainure pour l'emboîtement, 0,30 chaque en plus de la longueur.	
687	Le zinc sera développé avec celui du membron.	
688	Lorsque, par ordre de l'architecte, il sera fourni et posé des coulisseaux façonnés suivant le membron, ils seront payés suivant la nature du travail.	
689	Agrafe pour la rive du bas du membron en fer étamé, fourni, façonné et posé....... La pièce.	0 35
690	**Art. 120. —** Membron en sapin, quel que soit le profil.	
691	Le bois sera payé pour sa valeur.	
692	Pour façon et pose et suivant les parties apparentes le $0^m,01$ développé sera payé..............	0 05
693	Angle saillant, rentrant ou outre pour chaque 0,30 en plus de la longueur.	
694	Tout voligeage simple ou doublé, posé sous les membrons, sera développé et payé comme voligeage et suivant sa nature.	
695	**Art. 121. —** Planche de socle en chêne ou en sapin.	

NUMÉROS d'ordre.		PRIX.
696	Le bois sera payé suivant sa valeur.	
697	Façon, montage et pose pour socle, jusqu'à 0,22 de largeur exclusivement, compris rives dressées. Le mètre linéaire...	0 30
698	Les mêmes socles, mais au-dessus de 0,22 de largeur et jusqu'à 0,40 de largeur compris rainage. Le mètre linéaire...	0 95
699	Pour les jonctions en bout des planches de socle, double rainure à bois debout et languette en chêne... Le mèt. lin.	0 78
700	Les mêmes jonctions à double feuillure, faites par moitié épaisseur et de 0,03 de largeur. Le mètre linéaire...	0 60
701	Art. **122.** — Pour réunion de jonction de planches de chéneaux plate-bande, compris fer, entaillles, fourniture et pose de vis :	
702	Epaisseur de 0,005 jusqu'à 0,025 de largeur................................. Le mèt. lin.	2 00
703	id. de 0,006 id. 0,030 id... id....	2 20
704	id. de 0,007 id. 0,035 id... id....	2 40
705	Pour les planches de socle, équerres en fer, compris fer, entaille dans le bois, pose et fourniture de vis, coudées sur plat ou sur champ :	
706	Epaisseur de 0,005 jusqu'à 0,025 de largeur :	
707	Pour les premiers, 0,20..	0 70
708	En plus par mètre linéaire...	1 60
709	Epaisseur de 0,06 jusqu'à 0,030 de largeur :	
710	Pour les premiers, 0,20..	0 80
711	En plus par mètre linéaire...	1 80
712	Epaisseur de 0,007 jusqu'à 0,035 de largeur :	
713	Pour les premiers, 0,20..	0 90
714	En plus par mètre linéaire...	2 00
715	Pour les équerres portant scellement, les trous et les scellements seront payés suivant l'article 39, 40 et 41.	
716	Les équerres qui seront posées sur des plates-formes, lorsqu'il y aura des entailles pour le fer jusqu'à 0,02 de largeur. Cesdites entailles seront payées le mètre linéaire......................	0 70
717	Pour chaque centimètre en plus de largeur.	0 10
718	Chaque vis en fer, tête fraisée ou tête ronde, compris pose de 0,04.................. L'une.	0 04
719	id. id. id. de 0,05..................... id..	0 07
720	id. id. id. de 0,06..................... id..	0 09
721	Vis en fer à tête carrée, compris pose de 0,06................................. id..	0 25
722	Art. **123.** — Pente en plâtre pour chéneaux, compris cueillis, enduits et ressauts :	
723	Jusqu'à 0,15 de largeur inclusivement, 0,03 d'épaisseur........................ Le mèt. lin.	0 40
724	Chaque centimètre en plus de largeur...................................... id....	0 03
725	Jusqu'à 0,15 de largeur inclusivement, 0,04 d'épaisseur........................ id....	0 52
726	Chaque centimètre en plus de largeur...................................... id....	0 035
727	Jusqu'à 0,15 de largeur inclusivement, 0,05 d'épaisseur........................ id....	0 61
728	Chaque centimètre en plus de largeur...................................... id....	0 04
729	Art. **124.** — Pente de chéneaux compris cueillis, ressauts et enduits en plâtre, de 0,02 d'épaisseur sur plâtras fournis et suivant les épaisseurs de :	
730	Jusqu'à 0,15 de largeur inclusivement, 0,06 d'épaisseur........................ Le mèt. lin.	0 50
731	Chaque centimètre en plus de largeur...................................... id....	0 033
732	Jusqu'à 0,15 de largeur inclusivement, 0,07 d'épaisseur........................ id....	0 60
733	Chaque centimètre en plus de largeur...................................... id....	0 04
734	Jusqu'à 0,15 de largeur inclusivement, 0,08 d'épaisseur........................ id....	0 71
735	Chaque centimètre en plus de largeur...................................... id....	0 047
736	Jusqu'à 0,15 de largeur inclusivement, 0,09 d'épaisseur........................ id....	0 82
737	Chaque centimètre en plus de largeur...................................... id....	0 055
738	Jusqu'à 0,15 de largeur inclusivement, 0,10 d'épaisseur........................ id....	0 91
739	Chaque centimètre en plus de largeur...................................... id....	0 06

NUMÉROS d'ordre.		PRIX.
740	Jusqu'à 0,15 de largeur inclusivement, 0,11 d'épaisseur...................... Le mèt. lin.	1 04
741	Chaque centimètre en plus de largeur.. id....	0 07
742	Jusqu'à 0,15 de largeur inclusivement, 0,12 d'épaisseur.......................... id....	1 14
743	Chaque centimètre en plus de largeur.. id....	0 08
744	**Art. 125.** — Pente en plâtre pour terrasse, terrasson, balcon avec cueillis, enduit, ressaut de 0,03 d'épaisseur.. Le mèt. sup.	1 45
745	Jusqu'à 0,05 d'épaisseur et par 0,01 en plus.................................	0 20
746	Pente en plâtre sur massif et plâtras, fourni de 0,06 d'épaisseur............... Le mèt. sup.	1 90
747	Les mêmes pentes avec plâtras non fournis..................................	1 70
748	Pour les deux pentes ci-dessus, pour chaque centimètre en plus d'épaisseur...............	0 15
749	Pente en plâtre de 0,25 d'épaisseur, sur volige de peuplier, posée jointive, coupe, cueillis et ressauts.. Le mèt. sup.	2 75
750	Chaque centimètre en plus d'épaisseur et jusqu'à 0,05 d'épaisseur par 0,01 en plus...........	0 20
751	Pour le voligeage en sapin et de différentes épaisseurs, le prix sera augmenté de la différence de prix de la volige à celui du sapin et suivant les épaisseurs, article 137.	
752	Les glacis en plâtre sans cueillis ni ressauts, jusqu'à 0,03 d'épaisseur........... Le mèt. sup.	0 95
753	Plâtre en sac... L'un.	0 50
754	**Art. 126.** — Solin en plâtre fait à la règle sur bande de solin, rives en zinc ou relief de noquets. Le mètre linéaire..	0 55
755	**Art. 127.** — Réservoir en zinc rond, encaissé ou pour cabinet d'aisances. Le zinc sera développé pour les réservoirs, pour les cercles de renfort, pour les bandes rapportées et pour les couvercles, et payé suivant le numéro employé et au cours du jour de la fourniture.	
756	Réservoir rond quel que soit son diamètre. Préparation du zinc des calandres, dressage des feuilles et cintrage, compris le développement du fond....................... Le mèt. sup.	1 00
757	Coupe circulaire pour les fonds : voir le n° 493 de l'article 97.	
758	Collet circulaire pour fond ou pour le haut de réservoirs...................... Le mèt. lin.	0 30
759	Jonction du fond et des calandres soudées à l'intérieur et à l'extérieur................. id....	1 50
760	Lorsqu'il n'y aura qu'une soudure, moitié du prix ci-dessus.	
761	Façon de revêtement pour cercle en fer plat, quelle que soit la largeur.......... Le mèt. lin.	0 60
762	Façon de boudin.. id....	1 70
763	Soudure de rive de boudin et cercle.. id....	0 65
764	Descente ou montage pour pose, par réservoir...................................	2 00
	RÉSERVOIR ENCAISSÉ.	
765	Préparation du zinc, coupe et encaissement........................... Le mèt. sup.	
766	Coupe sur zinc lorsqu'il y a réduction sur la largeur et longueur des feuilles, la coupe d'angle comptée double.. Le mèt. lin.	0 80
767	Soudure d'angle du fond et de réservoir de feuilles......................... id....	0 10
768	Collet battu d'équerre sur épaisseur de l'encaissement....................... id....	0 75
769	Angle de collet raccordé, soudé, compris zinc et soudure...................... L'un.	0 15
770	Lorsqu'il y aura transport et report de l'encaissement en bois, le prix sera calculé sur la distance et le poids.	0 25
771	Clouure de collet pour réservoir. Se reporter aux n°⁵ 657, 658, 659, article 116.	
772	Réservoir pour cabinet d'aisances, droit ou portant une pente sur le devant :	
773	Préparation du zinc tracé.. Le mèt. sup.	2 50
774	Coupe droite ou biaise avec collet pour la soudure .... Le mèt. lin.	0 25
775	Boudin façonné ou collet plat sur les rives................................ id....	0 25
776	Soudure pour joindre le fond.. id....	0 75
777	Onglet de boudin ou de collet, coupe, zinc et soudure...................... La pièce.	0 25
778	Pose de réservoir... id...	1 25
	Dessus de réservoir.	
779	Façonné de forme conique, pour préparation du zinc, compris développement de la partie formant emboîture.. Le mèt. sup.	1 25

NUMÉROS d'ordre.		PRIX.
780	Coupe circulaire et pour le cône, le mètre linéaire (voir n° 759). .... Le mèt. lin.	1 00
781	Façon du relief et du bord doublé de la partie formant andant.................. Le mèt. lin.	0 40
782	Pour le cône façon de la rive double, agrafant le relief de la partie ci-dessus.......... id....	
783	Soudure de jonction (voir les n°ˢ 511 et 512 de l'article 101). .... La pièce.	1 25
784	Poignée pour zinc, façon soudure..	
785	Arᴛ. **128.** Crapaudine en plomb emboutie et perforée, façon compris queue à charnière.. Le kilog.	0 50
786	Crapaudine en fil de zinc, montée sur charnière en cuivre, de 0,06 diamètre.......... La pièce.	1 25
787	id. id. de 0,08..................... id...	1 75
788	id. id. de 0,11..................... id...	2 15
789	id. id. de 0,13..................... id...	2 50
790	Crapaudine en fer forgé avec queue à charnière, compris galvanisation : .... La pièce.	2 75
791	Pour tuyau de 0,06... id...	3 90
792	id. de 0,08.. id...	5 00
793	id. de 0,11.. id...	6 25
794	id. de 0,13.. id...	1 25
795	Pose de crapaudine, compris soudure de la queue de la charnière....................	
796	Arᴛ. **129.** — Chatière en zinc, 1/2 ronde à fond embouti et 1/2 baguette soudée sur le devant :	
797	de 0,18 ouverture à la base... La pièce.	2 25
798	de 0,20 id... id...	2 50
799	de 0,23 id... id...	3 00
800	Chatière conique et 1/2 ronde sur le devant avec 1/2 baguette soudée sur le devant : .... La pièce.	2 25
801	de 0,20 ouverture à la base... id...	2 50
802	de 0,25 id...	
803	Chatière carré, long sur le devant : .... La pièce.	2 75
804	de 0,18 ouverture à la base... Le mèt. lin.	0 25
805	Coupe à la griffe et collet au zinc de la couverture................................ id....	0 15
806	Coupe sur volige.. id....	0 50
807	Soudure de la chatière..	
808	Arᴛ. **130.** — Coude cintré en zinc, fait en deux coquilles pour tuyaux : .... La pièce.	0 35
809	De 0,02 diamètre... id...	0 40
810	0,03 id... id...	0 45
811	0,04 id... id...	0 50
812	0,05 id... id...	0 60
813	0,06 id... id...	0 70
814	0,07 id... id...	0 80
815	0,08 id... id...	0 90
816	0,09 id... id...	1 00
817	0,10 id... id...	1 10
818	0,11 id... id...	1 20
819	0,13 id... id...	1 30
820	0,16 id... id...	
	Arᴛ. **131.** — Bagues 1/2 rondes en zinc pour tuyaux zinc, compris double soudure sur le tuyau : ..... La pièce.	0 20
821	De 0,02 diamètre... id...	0 25
822	0,03 id... id...	0 30
823	0,04 id... id...	0 35
824	0,05 id... id...	0 40
825	0,06 id... id...	0 45
826	0,07 id... id...	0 50
827	0,08 id... id...	0 55
828	0,09 id... id...	0 60
829	0,10 id... id...	0 70
830	0,11 id... id...	0 85
831	0,13 id... id...	1 00
832	0,16 id... id...	

NUMÉROS d'ordre.		PRIX.
833	Art. **132.** — Châssis à tabatière en fer, le mètre linéaire développé à l'intérieur...... Le mèt. lin.	6 00
834	Art. **133.** — Montage et pose de châssis en fer, compris clouure des agrafes............ La pièce.	1 00
835	Montage et pose de costière en bois pour châssis en fer.............................. id...	0 80
836	Art. **134.** — Echafaud volant établi avec cordage, échelle, volige, etc., pour la pose de gouttière et de bandeau, mais pour vieux bâtiment seulement........................... Le mèt. lin.	0 75
837	Art. **135.** — Découverte de comble en zinc, compris rangement sans descente des matériaux :	
838	Pour zinc seulement.. Le mèt. sup.	0 15
839	Pour zinc et dévoligeage.. id....	0 20
840	Art. **136.** — Tasseaux sapin du Nord, pour couverture en zinc, pour fourniture, clous, déchet et pose : de 0,055 à la base... Le mèt. lin.	0 30
841	0,04 id... id....	0 25
842	0,027 id... id....	0 20
843	Art. **137.** — Voligeage pour couverture en zinc, en sapin du Nord, dressé et refendu à la scie, de 0,11 de large et en madrier 3 traits sur champ, 1 trait sur le bas.................. Le mèt. sup.	2 20
844	id. 4 id. id............................ id....	2 00
845	id. 5 id. id............................ id....	1 80
846	Voligeage en peuplier de 0,11 à 0,13 de large, dressé à la scie de 0,13 d'épaisseur. Le mèt. sup.	1 35
847	Pour volige ayant de 0,008 à 0,01 d'épaisseur, il sera déduit par mètre superficiel............	0 20
848	Pour couverture faite à ressaut, le voligeage, sapin ou volige, sera payé comme ci-dessus, mais la façon et fourniture des fourrures formant les ressauts, seront payées suivant leurs valeurs.	
849	Art. **318.** — Papier anglais ou goudronné, le mètre superficiel compris pose...................	0 30

GARDE-ROBES.

NUMÉROS d'ordre.		PRIX.
850	Art. **139.** — Tout appareil pour garde-robes simples ou à effet d'eau, siége en fonte à bascules ou autres, seront payés suivant les tarifs des fournisseurs, avec une augmentation de 10 0/0 pour bénéfice et déplacement.	
851	Pose de garde-robes simples ou à effet d'eau compris joints en ciment............. La pièce.	1 15
852	Pose de siége à bascule, compris joints en ciment idem, avec le manchon en plomb, ou pose directe sur la fosse.. La pièce.	1 50
853	Massif en plâtre pur pour le scellement de garde-robes............................... id...	1 50
854	Massif en plâtre pur pr siége à bascule, compr. niche pour la manœuvre du contre-poids. id...	1 75
855	Pose de manchon en plomb raccordant les garde-robes et siéges à bascule avec la chute en fonte, compris joint en ciment... La pièce.	1 25
856	Scellement de manchon dans l'épaisseur du plancher................................... id...	0 75
857	Scellement de manchon dans l'épaisseur de la voûte et raccord....................... id...	2 00
858	Emboîture battue sur manchon jusqu'à 0,25 de diamètre.............................. id...	0 75
859	Joint d'arrivée d'eau pour le collet battu, serrage de brides, pose de raccord et nœud de soudure, seront payés suivant les valeurs et les prix où ils se rapportent.	
860	Dépose de plinthes, siége et soubassement en menuiserie...............................	0 75
861	Repose, même prix que la dépose...	0 75
862	Dépose de siége en menuiserie, revêtement et soubassement...........................	1 25
863	Repose, même prix que la dépose...	1 25
864	Art. **140.** — Pompe : Corps de pompe et son clapet en cuivre pour fourneau........................ Le kilog.	4 00
865	id. à cylindre avec clapet et la calotte élévatoire..................... id....	4 10
866	Cylindre de pompe avec embase, écrous et piston en cuivre...................... id....	5 00
867	Calotte de retenue en cuivre pour aspiration, le diam. pris suivant le diam. intérieur du tuyau :	
868	Diamètre du tuyau 0,03... Le kilog.	6 75
869	id. 0,35...	9 00
870	id. 0,40...	10 15

NUMÉROS d'ordre.		PRIX.
871	Diamètre du tuyau 0,45..	14 90
872	id.　　　　0,50..	16 25
873	id.　　　　0,55..	18 00
874	Fourreau en cuivre, le kilogramme sera payé suivant le cours du cuivre au jour de la fourniture de la livraison, augmenté de 10 0/0 de bénéfice.	
875	Façon de fourreau en cuivre plané et brasé...................... Le kilog.	1 00
876	Pose de porte-clapet et de chaque partie de la calotte, sera payée comme pose de robinet et suivant le diamètre intérieur, nœud de soudure et empatement, cuivre et plomb et nœud soudure tout cuivre, seront payés suivant les prix portés aux nœuds de soudure et suivant le diamètre intérieur de l'épaisseur du tuyau.	
877	Armature de pompe composée du balancier, châssis avec coussinet en bronze et moufle pour le nez du balancier. .... Le kilog.	1 50
878	Embase en fer forgé avec clavettes et de 0,30 de longueur pour se raccorder à la tringle. La pièce.	4 00
	Moufle et boulon pour le nez du balancier.................................... La pièce.	6 00
879	Douille en fer forgé, tourné portant mortaise et clavettes double pour recevoir le cylindre, 0,30 de longueur pour se raccorder à la tringle... La pièce.	5 00
880	Mouvement brisé, dit tête de compas, en fer complet, portant 2 amorces pour la tringle de chaque 0,30.. La pièce.	15 00
881	Guide en fer portant 2 rouleaux en cuivre et queue à scellement.................... id...	10 00
882	Guide ordinaire en fer à scellement.. id...	3 00
883	Collier en fer complet à double scellement et demi-collier pour moises en bois, compris les boulons.. Le kilog.	1 50
884	Fer rond de 0,02 de diamètre bien dressé pour la tringle de pompe............. Le mèt. lin.	1 00
885	Tringles en bois de sapin, façonné rond ou à pan de 0,050 de diamètre.......... Le mèt. lin.	1 45
886	id.　　　　id.　　　0,075　id.................... id....	1 85
887	Enfourchement pour jonction de tringle en bois...	1 45
888	Boulon à tête ronde, compris percement et pose :	
889	De 0,06.. Longueur de la pièce.	0 50
890	De 0,09.. id.......	0 70
891	Frettes en fer, compris pose de 0,05 de diamètre intérieur....................... La pièce.	0 60
892	id.　　　　id.　　　0,075　　　id................................... id...	0 75
893	Fourchettes en fer portant embase, mortaise pour recevoir le piston, coupe, ajustement sur la tringle en bois... La pièce.	9 00
894	Fourchettes en fer pour le haut de la tringle portant 0,30 de long pour raccord compris ajustement sur la tringle de bois.. La pièce.	8 00
895	Boulons (voir les articles nᵒˢ 896 et 897).	
896	Soudure de forge pour réunion des pièces ci-dessus avec la tringle en fer............ L'une.	1 50
897	Piston, faite en cuivre, cuir de frottement, clapet pour corps de pompe de 0,08 de diamètre intérieur.. La pièce.	7 00
898	id. de 0,11 de diamètre intérieur.. id...	9 00
899	Soupape en cuir gras ou autre, portant double cuir et clapet en plomb pour corps de pompe de 0,08 diamètre intérieur.. La pièce.	6 00
900	de 0,11　　　id... id...	8 00
901	Boulons en fer pour porte-clapet et calotte....................................... id...	0 40
902	Pose de soupape, assemblage des calottes et porte-clapets, serrage des boulons. Pour un boulon.	0 30
903	Entailles 1/2 circulaires sur moise en bois pour corps de pompe, pose de 1/2 colliers, percement pour boulon et pose desdits..	3 00
904	Tuyaux en plomb pour aspiration pour tuyaux posés en traînées, même prix que pour pose en tranchée, article 24, pour tuyau posé à l'intérieur des puits, même prix que pour la pose de tuyau en traînée.	
905	Tranchée en terre pour tuyau en plomb, jusqu'à 0,70 de profondeur, compris, remblai et pilonnage des terres..	0 65
906	Les mêmes tranchées sous pavage, compris reblocage......................... Le mèt. lin.	1 00
907	La descente et pose de corps de pompe, la moise ou collier, le percement en mur et scellement, seront évalués suivant les emplacements et la main-d'œuvre.	
908	La pose des armatures, percement et scellement seront évalués suivant les emplacements.	

NUMÉROS d'ordre.		PRIX.

N°		PRIX.
909	Art. **141**. — Voligeage en vieille volige, provenant de découverture............. Le mèt. sup.	0 41
910	Art. **142**. — Tasseaux, vieux bois provenant de découverture.................... Le mèt. lin.	0 20
911	Art. **143**. — Pose de tuyau de descente en fonte, faite sur échafaud, compris pose et scellement de 1 collier, par mètre linéaire...	0 71
912	Dépose, idem, compris descellement de 1 collier sans bouchement des trous..... Le mèt. lin.	0 18
913	Les mêmes tuyaux posés à la corde à nœuds.................................. id....	1 42
914	Les mêmes tuyaux déposés à la corde à nœuds.................................. id....	0 39
915	Bouchement de trous.. La pièce.	0 15
916	Pose et dépose de la corde à nœuds, évaluées suivant l'emplacement :	
917	Art. **144**. — Les prix de la présente Série ne sont applicables que lorsque les travaux auront employé la journée d'un compagnon et aide.	
918	Lorsque le travail n'aura pas employé la journée, il sera alloué sur le règlement 1/10 par compagnon et aide pour déplacement; si le travail est fait en attachement, il sera ajouté sur ledit, après le temps passé au travail, 1/10 en plus pour déplacement; dans le cas où ce 1/10 serait compté avec le temps passé, il sera dit compris déplacement.	

Classement de différents articles portés dans la série ci-dessus, et réunissant la fourniture, pose, suivant les détails précédents.

Art. **145**. — Bondes d'évier à tampon et boisseau en cuivre avec collet en mastic à feu :

N°		Prix de l'unité.	Pose de boisseau.	Collet battu sur tuyau plomb.	Scellement au mastic à feu.	Collet en mastic.	Pose complète, collet au mastic.
919	Bonde....... de 0,02 de diamètre.	1 00	0 20	0 25	0 25	0 60	2 30
920	0,027 id......	1 20	0 20	0 30	0 25	0 60	2 55
921	0,034 id......	1 30	0 20	0 30	0 25	0 60	2 65
922	0,041 id......	1 40	0 30	0 35	0 25	0 60	2 90
923	0,048 id......	1 60	0 30	0 35	0 25	0 60	3 10
924	0,054 id......	1 90	0 30	0 40	0 25	0 60	3 45

Art. **146**. — Bondes d'évier à tampon en cuivre avec collet en soudure :

N°		Prix de l'unité.	Pose de boisseaux.	Collet battu sur tuyau plomb.	Scellement au mastic à feu.	Collet de soudure.	Pose complète, collet en soudure.
925	Bonde....... de 0,02 de diamètre.	1 00	0 40	0 25	0 25	0 90	2 80
926	0,027 id......	1 20	0 40	0 30	0 25	1 08	3 23
927	0,034 id......	1 30	0 40	0 30	0 25	1 48	3 73
928	0,041 id......	1 40	0 60	0 35	0 25	1 68	4 28
929	0,048 id......	1 60	0 60	0 35	0 25	2 10	4 48
930	0,054 id......	1 90	0 60	0 40	0 25	2 25	5 40

PRIX.

ART. 147. — Bonde de fond en cuivre, compris fourniture, pose, soudure du collet, sur plomb ou zinc, et soudure de la douille et du boisseau sur tuyau, plomb, cuivre ou zinc :

Numéros d'ordre.		Prix de l'unité.	Pose de 2 pièces.	Nœud, soudure sur cuivre.	Collet du boisseau.	Pose complète, collet et nœud de soudure sur tuyau de plomb.	Les mêmes, mais avec 1 nœud tout cuivre.	Les mêmes, mais avec tuyau en zinc.
931	Bonde. de 0,02 de diamètre.	2 00	0 80	3 96	0 90	7 66	9 96	4 68
932	0,027 id.....	2 90	0 80	4 74	1 08	9 52	9 88	7 15
933	0,034 id.....	3 90	0 80	6 50	1 48	12 68	13 36	9 43
934	0,041 id.....	4 75	1 20	7 38	1 68	15 01	15 64	11 32
935	0,048 id.....	5 80	1 20	9 02	2 10	18 12	18 80	13 61
936	0,054 id.....	7 00	1 20	9 90	2 25	20 35	21 09	15 40

ART. 148. — Bonde syphoïde en cuivre, compris fourniture et pose pour évier avec collet en mastic et pose avec nœud, soudure sur le tuyau et collet en mastic :

Numéros d'ordre.		Prix de l'unité.	Pose de 2 pièces.	Collet battu sur tuyau.	Scellement de tuyau au mastic à feu.	Collet en mastic.	Pose complète avec collet en mastic.	Pose complète avec nœud soudé sur le tuyau.
937	Bonde de 0,02 de diamètre.	3 50	0 20	0 25	0 25	0 60	4 80	6 53
938	0,027 id.....	4 50	0 20	0 30	0 25	0 60	5 85	8 92
939	0,034 id.....	5 50	0 20	0 30	0 25	0 60	6 85	9 80
940	0,041 id.....	6 50	0 30	0 35	0 25	0 60	8 00	11 34
941	0,048 id.....	9 50	0 30	0 35	0 25	0 60	11 00	15 16
942	0,054 id.....	12 50	0 30	0 40	0 25	0 60	13 55	18 10

ART. 149. — Bonde syphoïde en cuivre, compris fourniture et pose pour évier, mais avec collet et pose avec nœud de soudure sur le tuyau :

Numéros d'ordre.		Prix.	Pose.	Scellement de tuyau.	Collet battu.	Collet soudé.	Pose complète.	Pose complète, mais avec nœud de soudure au tuyau.
943	Bonde de 0,02 de diamètre.	3 50	0 40	0 25	0 25	0 90	5 30	7 28
944	0,027 id.....	4 50	0 40	0 25	0 30	1 08	6 53	8 90
945	0,034 id.....	5 50	0 40	0 25	0 30	1 48	7 93	11 18
946	0,041 id.....	6 50	0 60	0 25	0 35	1 68	9 38	13 07
947	0,048 id.....	9 50	0 60	0 25	0 35	2 10	12 80	16 93
948	0,054 id.....	12 00	0 60	0 25	0 40	2 25	15 50	20 45

Art. 150. — Bonde en cuivre pour pot à bonde, compris pose sur le pot en faïence ou en fonte :

		Prix de l'unité.	Pose.	Pose complète.
949	Bondes .... { de 0,06 de diamètre.........................	4 00	2 25	6 25
950	{ de 0,07 id.............................	5 00	2 25	7 25

Art. 151. — Joints de bride complets pour tuyau en plomb, fourniture de cuir façon, de collet et montage et serrage du joint :

		Bride.	Boulon.	Collet battu.	Cuir.	Montage et serrage.	Pose complète.
951	0,015	1 00	0 40	0 30	0 46	0 35	2 51
952	0,02	1 10	0 40	0 40	0 46	0 35	2 71
953	0,025	1 20	0 40	0 50	0 46	0 35	2 91
954	0,027	1 30	0 50	0 50	0 50	0 40	3 20
955	0,030	1 40	0 50	0 50	0 50	0 40	3 30
956	0,035	1 50	0 50	0 50	0 60	0 40	3 50
957	Diamètre intérieur... { 0,040	1 60	0 60	0 60	0 60	0 50	3 90
958	0,045	1 70	0 60	0 60	0 70	0 50	4 10
959	0,050	1 80	0 60	0 70	0 70	0 50	4 30
960	0,055	1 90	0 70	0 70	0 80	0 55	4 65
961	0,060	2 00	0 70	0 80	0 80	0 55	4 85
962	0,065	2 30	0 70	0 80	0 90	0 55	5 25
963	0.070	2 60	0 70	0 90	0 90	0 55	5 65

Art. 152. — Robinets en cuivre à deux eaux pour pose directe, compris fourniture, pose et les deux nœuds de soudure :

		Prix de l'unité.	Pose.	Nœud de soudure sur plomb de 0,03.	Nœud de soudure sur plomb de 0,04.	Nœud de soudure sur plomb de 0,05.	Nœud de soudure sur plomb de 0,06.	Nœud de soudure sur plomb de 0,07.
964	de 0,010......	2 25	0 40	1 85	2 02	2 20	2 38	2 56
965	0,013......	3 30	0 40	2 72	2 90	3 08	3 26	3 44
966	0,015......	3 85	0 40	2 72	2 90	3 08	3 26	3 44
967	0,018......	4 70	0 45	3 60	3 78	3 96	4 14	4 32
968	Robinet.... { 0,020......	6 05	0 45	3 60	3 78	3 96	4 14	4 32
969	0,023......	6 60	0 45	4 38	4 56	4 74	4 90	5 08
970	0,025......	7 15	0 45	4 38	4 56	4 74	4 90	5 08
971	0,027......	7 70	0 45	4 38	4 56	4 74	4 90	5 08
972	0,030......	11 55	0 45	5 26	5 44	5 62	5 78	6 08

PRIX.

Art. 153. — Robinets en cuivre à deux eaux, pour fourniture, pose directe et deux nœuds de soudure sur tuyau de plomb, suivant les épaisseurs :

Numéros d'ordre.			Tuyau de 0,03.	Tuyau de 0,04.	Tuyau de 0,05.	Tuyau de 0,06.	Tuyau de 0,07.
973	Robinet	de 0,010	4 50	4 67	4 85	5 03	6 09
974		0,013	6 42	6 60	6 78	6 96	7 14
975		0,015	6 97	7 15	7 33	7 51	7 69
976		0,018	8 75	8 93	9 11	9 29	9 47
977		0,020	10 10	10 28	10 46	10 64	10 82
978		0,023	11 43	11 61	11 79	11 95	12 13
979		0,025	11 98	12 16	12 34	12 50	12 68
980		0,027	12 53	12 71	12 89	13 05	13 23
981		0,030	17 26	17 44	17 62	17 78	18 08

Art. 154. — Robinets d'arrêt en bronze à deux eaux, pour fourniture et pose directe sur tuyau de plomb suivant les épaisseurs :

Numéros d'ordre.			Tuyau de 0,03.	Tuyau de 0,04.	Tuyau de 0,05.	Tuyau de 0,06.	Tuyau de 0,07.
982	Robinet	de 0,010	5 85	6 02	6 20	6 38	7 44
983		0,013	8 22	8 40	8 58	8 76	8 94
984		0,015	8 77	8 95	9 13	9 31	9 49
985		0,018	10 35	10 53	10 71	10 89	11 07
986		0,020	11 70	11 88	12 06	12 24	12 42
987		0,023	13 18	13 36	13 54	13 70	13 88
988		0,025	14 08	14 26	14 44	14 60	14 78
989		0,027	14 99	15 16	15 34	15 50	15 68
990		0,030	18 31	18 49	18 67	18 83	19 13

Art. 155. — Robinet d'arrêt en cuivre, pour fourniture et pose, mais avec un nœud de soudure et un empatement en soudure, suivant les épaisseurs du tuyau :

Numéros d'ordre.			Tuyau de 0,03.	Tuyau de 0,04.	Tuyau de 0.05.	Tuyau de 0,06.	Tuyau de 0,07.
991	Robinet	de 0,010	4 59	4 73	4 95	5 14	6 21
992		0,013	6 54	6 73	6 92	7 11	7 30
993		0,015	7 09	7 28	7 47	7 66	7 85
994		0,018	8 91	9 10	9 29	9 46	9 67
995		0,020	10 26	10 45	10 64	10 83	11 02
996		0,023	11 63	11 82	12 04	12 18	12 36
997		0,225	12 18	12 37	12 56	12 73	12 91
998		0,027	12 73	12 92	13 28	13 28	13 46
999		0,030	17 50	17 69	17 88	18 04	18 36

Art. **156.** — Robinet d'arrêt en bronze, pour fourniture et pose avec un nœud de soudure et un empatement de soudure, suivant les épaisseurs du tuyau :

		Tuyau de 0,03.	Tuyau de 0,04.	Tuyau de 0,05.	Tuyau de 0,06.	Tuyau de 0,07.
1000		5 94	6 08	6 30	6 49	7 56
1001		8 34	8 53	8 72	8 91	9 10
1002		8 89	9 08	9 27	9 46	9 65
1003	de 0,010	10 51	10 70	10 89	11 06	11 27
1004	Robinet 0,013	11 86	12 05	12 24	12 43	12 62
1005	0,015	13 38	13 57	13 76	13 93	14 11
1006	0,225	14 90	14 47	14 66	14 83	15 01
1007	0,027	15 18	15 37	15 56	15 73	15 91
1008	0,030	18 55	18 74	18 93	19 09	19 41

Art. **157.** — Robinet d'arrêt en cuivre, pour fourniture et pose, mais avec 2 empatements en soudure, suivant les épaisseurs du tuyau de :

		Tuyau de 0,03.	Tuyau de 0,04.	Tuyau de 0,05.	Tuyau de 0,06.	Tuyau de 0,07.
1009	de 0,010	4 68	4 82	5 05	5 65	6 33
1010	0,013	6 66	6 86	7 06	7 26	7 46
1011	0,015	7 21	7 41	7 61	7 81	8 01
1012	0,018	9 07	9 27	9 47	9 63	9 87
1013	Robinet 0,020	10 42	10 62	10 82	11 02	11 22
1014	0,023	11 83	12 03	12 23	12 41	12 59
1015	0,025	12 38	12 58	12 78	12 96	13 14
1016	0,027	12 93	13 13	13 33	13 51	13 69
1017	0,030	17 74	17 94	18 14	18 30	18 64

Art. **158.** — Robinet d'arrêt en bronze, pour fourniture et pose, mais avec 2 empatements en soudure suivant les épaisseurs de tuyaux :

		Tuyau de 0,03.	Tuyau de 0,04.	Tuyau de 0,05.	Tuyau de 0,006.	Tuyau de 0,07.
1018	de 0,010	6 03	6 17	6 40	7 00	7 38
1019	0,013	8 46	8 66	8 86	9 06	9 26
1020	0,015	9 01	9 21	9 41	9 61	9 81
1021	0,018	10 67	10 87	11 07	11 23	11 47
1022	Robinet 0,020	12 02	12 20	12 42	12 62	12 82
1023	0,023	13 58	13 78	13 98	14 16	14 34
1024	0,025	14 48	14 68	14 88	15 06	15 24
1025	0,027	15 38	15 58	15 78	15 96	16 14
1026	0,030	18 79	18 99	19 19	19 35	19 69

Art. **159**. — Robinet à tête en cuivre sans raccord, pour fourniture et pose en bout des tuyaux et nœud, soudure sur tuyau plomb suivant leurs épaisseurs et les mêmes robinets pour fourniture, pose et soudure en empatement sur tuyau de plomb, suivant leur épaisseur :

Numéros d'ordre	Robinet	UN NŒUD DE SOUDURE SUR TUYAU				
		de 0,03.	de 0,04.	de 0,05.	de 0,06.	de 0,07.
1027	de 0,010	3 57	3 66	3 75	3 84	3 93
1028	0,013	5 06	5 15	5 24	5 33	5 42
1029	0,015	5 61	5 70	5 79	5 88	5 97
1030	0,018	6 95	7 04	7 13	7 22	7 31
1031	0,020	8 30	8 39	8 48	8 57	8 66
1032	0,023	9 24	9 33	9 42	9 50	9 59
1033	0,025	9 77	9 88	9 76	10 50	10 14
1034	0,027	10 34	10 43	10 52	10 60	10 69
1035	0,030	14 62	14 72	14 81	14 89	15 04

Les mêmes robinets que ci-dessus, mais avec empatement sur cuivre :

Numéros d'ordre	Robinet	AVEC EMPATEMENT SUR TUYAU				
		de 0,03.	de 0,04.	de 0,05.	de 0,06.	de 0,07.
1036	de 0,010	3 66	3 75	3 85	3 95	4 05
1037	0,013	5 18	5 28	5 38	5 48	5 58
1038	0,015	5 73	5 83	5 93	6 03	6 13
1039	0,018	7 11	7 21	7 31	7 41	7 51
1040	0,020	8 46	8 56	8 66	8 76	8 86
1041	0,023	9 44	9 54	9 64	9 72	9 82
1042	0,025	9 97	10 09	10 19	10 27	10 37
1043	0,027	10 54	10 64	10 74	10 82	10 92
1044	0,030	14 86	14 97	15 07	15 15	15 32

Art. **160**. — Robinet à tête en bronze sans raccord, pour fourniture et pose en bout des tuyaux et nœud de soudure sur tuyau en plomb, suivant leurs épaisseurs, et les mêmes robinets, pour fourniture, pose et soudure en empatement sur tuyau de plomb, suivant leurs épaisseurs :

Numéros d'ordre	Robinet	AVEC NŒUD DE SOUDURE SUR TUYAU				
		de 0,03.	de 0,04.	de 0,05.	de 0,06.	de 0,07.
1046	de 0,010	4 92	5 01	5 10	5 19	5 28
1047	0,013	6 86	6 95	7 04	7 13	7 22
1048	0,015	7 41	7 50	7 59	7 68	7 77
1049	0,018	8 55	8 64	8 73	8 82	8 91
1050	0,020	9 90	9 99	10 08	10 17	10 26
1051	0,023	11 19	11 28	11 37	11 45	11 54
1052	0,025	11 87	11 98	12 07	12 15	12 24
1053	0,027	12 79	12 88	12 97	13 05	13 14
1054	0,030	15 67	15 77	15 86	15 94	16 09

Les mêmes robinets que ci-dessus, mais avec empatements sur cuivre :

Numéros d'ordre.		AVEC EMPATEMENT DE SOUDURE SUR TUYAU				
		de 0,03.	de 0,04.	de 0,05.	de 0,06.	de 0,07.
1054	de 0,010	5 00	5 10	5 20	5 30	5 40
1055	0,013	6 98	7 08	7 18	7 28	7 38
1056	0,015	7 53	7 63	7 73	7 83	7 93
1057	0,018	8 71	8 81	8 91	9 01	9 11
1058 Robinet	0,020	10 06	10 16	10 26	10 36	10 46
1059	0,023	11 39	11 49	11 59	11 68	11 78
1060	0,025	12 07	12 19	12 29	12 38	12 48
1061	0,027	12 99	13 09	13 19	13 28	13 38
1062	0,030	15 91	16 02	16 12	16 20	16 37

Aʀᴛ. **161.** — Robinet à tête en bronze avec raccord, pour fourniture et pose en bout des tuyaux et nœud de soudure sur tuyau au plomb, suivant leurs épaisseurs, et les mêmes robinets pour fourniture et pose avec empatement sur tuyau de plomb, suivant leurs épaisseurs :

Numéros d'ordre.		AVEC NŒUD DE SOUDURE SUR TUYAU				
		de 0,03.	de 0,04.	de 0,05.	de 0,06.	de 0,07.
1063	de 0,010	4 27	4 36	4 45	4 54	4 63
1064	0,013	6 21	6 90	6 39	6 48	6 57
1065	0,015	6 86	6 95	7 04	7 13	7 22
1066	0,018	8 40	8 49	8 58	8 67	8 76
1067 Robinet	0,020	9 95	10 04	10 13	10 22	10 31
1068	0,023	11 14	11 23	11 32	11 40	11 49
1069	0,025	11 92	12 03	12 12	12 20	12 29
1070	0,027	12 74	12 83	12 92	13 00	13 09
1071	0,030	17 52	17 62	17 71	17 79	17 94

Les mêmes robinets que ci-dessus, mais avec un empatement sur cuivre :

Numéros d'ordre.		AVEC EMPATEMENT DE SOUDURE SUR TUYAU				
		de 0,03.	de 0,04.	de 0,05.	de 0,06.	de 0,07.
1072	de 0,010	4 36	4 45	4 55	4 65	4 75
1073	0,013	6 33	6 43	6 53	6 63	6 73
1074	0,015	6 98	7 08	7 18	7 28	7 38
1075	0,018	8 56	8 66	8 76	8 86	8 96
1076 Robinet	0,020	10 11	11 21	10 31	10 42	10 51
1077	0,023	11 34	11 44	11 54	11 62	11 72
1078	0,025	12 12	12 24	12 34	12 42	12 52
1079	0,027	12 94	13 04	13 14	13 22	13 22
1080	0,030	17 76	17 87	17 97	18 05	18 22

Numéros d'ordre.		PRIX.

Art. 162.—Pose de garde-robe simple et à effet d'eau, compris pose et scellement du manchon en plomb, joint de bride de raccord et joint de bride de raccord avec un nœud de soudure sur la douille en cuivre se raccordant avec le tuyau en plomb de 0,004 d'épaisseur :

Pose de garde-robe simple :

1081

Pose avec manchon au-dessus du sol.	Pose avec manchon compris dépose du siége.	Pose avec manchon compris dépose et repose du siége.	Pose avec manchon compris dépose en plus du revêtement.	Pose avec manchon compris dépose et repose du revêtement.
4 65	5 40	6 15	5 90	7 15
Avec manchon traversant le plancher.	Avec manchon traversant le plancher.	Avec manchon traversant le plancher.	Avec manchon traversant le plancher.	Avec manchon traversant le plancher.
5 70	6 15	6 90	6 65	7 90

1082

Garde-robe à effet d'eau compris collet battu sur le tuyau et serrage du joint de bride compris cuir :

1083

Pose avec manchon au-dessus du sol.	Pose compris dessous du siége.	Pose compris dépose et repose du siége.	Pose compris dépose ou plus du revêtement.	Pose compris dépose et repose du revêtement.
5 43	6 18	6 93	6 68	7 93
Avec manchon traversant le plancher.	Avec manchon traversant le plancher.	Avec manchon traversant le plancher.	Avec manchon traversant le plancher.	Avec manchon traversant le plancher.
6 18	6 93	7 68	7 93	9 18

1084

 Numéros d'ordre.		PRIX.

Garde-robe, effet d'eau comme ci-dessus, mais avec nœud de soudure sur la douille en cuivre, de 0,02 de diamètre :

1085

Pose avec manchon au-dessus du sol.	Pose compris dépose du siége.	Pose compris dépose et repose du siége.	Pose compris dépose en plus du revêtement.	Pose compris dépose et repose du revêtement.
7 77	8 52	9 27	9 02	10 27

1086

Avec manchon traversant le plancher.	Avec manchon traversant le plancher.	Avec manchon traversant le plancher.	Avec manchon traversant le plancher.	Avec manchon traversant le plancher.
8 52	9 27	10 02	9 77	11 02

1087 — ART. **163.** — Pose de siége en fonte, quel que soit le système, pour pose avec manchon en plomb, se raccordant avec la descente en fonte .... La pièce. — **6 00**

La même pose que ci-dessus, mais le manchon posé et raccordé directement avec la fosse. id... **7 25**

1088 — ART. **164.** — Pose de pots à bonde avec le manchon en plomb :

1089

Pose avec manchon au-dessus du sol.	Pose avec manchon compris dépose du siége.	Pose avec manchon compris dépose et repose du siége.
3 35	4 10	4 85

1090

Pose avec manchon traversant le plancher.	Pose avec manchon traversant le plancher.	Pose avec manchon traversant le plancher.
4 10	4 84	5 60

1091 — ART. **165.** — Pose de tuyau de plomb en élévation, avec support en fer à gorge et à scellement, suivant les articles 35, 36 et 37.

N° 37.   N° 36.   N° 35.

Numéros d'ordre.		37	36	35	PRIX.
1092	de 0,010	0 64	0 66	0 69	
1093	0,015	0 76	0 78	0 81	
1094	0,020	0 88	0 90	0 94	
1095	0,025 et 27	1 05	1 08	1 13	
1096	0,03	1 17	1 20	1 25	
1097	0,035	1 28	1 32	1 38	
1098	0,040	1 40	1 44	1 50	
1099	0,045	1 52	1 56	1 62	
1100	0,050	1 63	1 68	1 75	
1101	Tuyau......0,055	1 81	1 86	1 94	
1102	0,060	1 98	2 04	2 12	
1103	0,065	2 16	2 22	2 31	
1104	0,070	2 33	2 40	2 50	
1105	0,080	2 51	2 58	2 69	
1106	0,090	2 68	2 76	2 88	
1107	0,095	2 86	2 94	3 06	
1108	0,100	3 03	3 12	3 25	
1109	0,110	3 21	3 30	3 45	

Art. 166. — Crochet pour tuyau de plomb suivant diamètre intérieur :

		PRIX.
1110		
1111	Tuyau de 0,01 à 0,015 le cent pour fourniture..........................	2 10
1112	Id ....0,02 à 0,027 id..	3 00
1113	Id ....0,03 à 0,035 id..	4 20
1114	Id ....0,04 à 0,045 id..	5 40
1115	Id ....0,05 à 0,055 id..	7 80
1116	Id ....0,06 à 0,065 id..	10 20
1117	Id ....0,07 à 0,080 id..	12 60
1118	Id ....0,09 à 0,110 id..	15 00

Art. 167. — Chatière en zinc, fournie, posée et soudée, compris coupe sur zinc et volige, soudure :

		PRIX.
1119		
1120	Chatière à fond embouti :	
1121	De 0,18 ouverture à la base..	2 97
1122	De 0,20 id...	3 32
1123	De 0,23 id...	3 90
1124	Les mêmes chatières, mais de forme conique, fourniture et pose comme ci-dessus :	
1125	De 0,20 ouverture à la base..	3 07
1126	De 0,25 id...	3 40
1127	La même chatière, mais carré long à l'ouverture........................	3 65

FIN DE LA SÉRIE.

SOUS-DÉTAILS A L'APPUI DE LA SÉRIE

ÉTABLIE POUR LE RÈGLEMENT

DES TRAVAUX DE PLOMBERIE ET DE ZINCAGE

POUR L'ANNÉE 1868

SOUS-DÉTAILS.

PLOMBERIE.

Article **22**. — POSE DE TUYAUX.

Pour la pose de tuyaux en plomb, il y aurait lieu de modifier le *nota* de la série de la ville de Paris et le texte de l'article, vu qu'on ne peut admettre que la pose des tuyaux comprenne les percements et les scellements, car la quantité des scellements n'étant pas déterminée, il arriverait que certains tuyaux posés en élévation, en déduisant sur le prix alloué celui des scellements, seraient payés moins cher que ceux posés en tranchées.

Pour le coudage et le cintrage des tuyaux, n'admettant dans le prix de pose que les grands cintres, il serait bon d'ajouter une plus-value (voir les art. 23 et 25, série de 1866), vu qu'il y a une main-d'œuvre incontestable pour cintrer un tuyau, pour s'ajuster sur un angle rentrant ou saillant, et que l'entrepreneur qui a à poser des conduites dans une ligne droite a trop de bénéfice, tandis que celui qui a à poser une conduite dans laquelle il existe plusieurs angles saillants et rentrants est en perte.

Pour éviter de se trouver en perte, que fait l'entrepreneur ? Il coupe souvent les tuyaux suivant les saillies et fait des nœuds de soudure ; mais alors le propriétaire a à subir une augmentation sur le travail et, de plus, il y a mauvaise exécution : les angles aigus occasionnant des coups de bélier sur les conduites, ce qui nécessite de fréquentes réparations.

Le peu d'augmentation que j'ai portée est donc très-minime en comparaison des frais que je détaille ci-dessus, et permet un bon travail.

Art. **26** et **27**. — La Série de la ville de Paris porte pour tous tuyaux, depuis 0ᵐ025 de diamètre à 0ᵐ32 de diamètre, le mot bride en fer. La bride employée pour tuyaux de petit diamètre est une bride ovale portant deux oreilles percées pour le passage des boulons ; lorsqu'on arrive au diamètre au-dessus des tuyaux de 0ᵐ07, il n'est plus possible de faire un bon joint avec le serrage des deux boulons ; on emploie alors des rondelles en fer forgé, percées de trous, suivant la demande du serrage. Cet article est souvent la cause de contestations, lors du règlement, vu que, la série en main, on dit : l'article indique *bride*.

Les prix portés n'étant pas suffisants, vu la main-d'œuvre pour pose et serrage des boulons, il y aurait lieu à diviser l'article comme suit : pour emploi de brides et pour emploi de rondelles, en portant les prix détaillés pour percement (art. 28) ; le classement des boulons (art. 29) est basé sur le diamètre des tuyaux ; le montage et le serrage des joints suivant les art. 30 et 31.

Art. 32 et **33**. — Ces deux articles comprennent la pose des tuyaux de plomb pour éviers et cuvettes d'eaux ménagères : pose non prévue à la Série de la ville de Paris, et dont la façon ne peut être assimilée à la pose de tuyaux. Aucun prix n'existant pour ce travail, lequel est très-fréquent, il y a lieu de lui donner une application.

Art. 34. — Le prix de 0ᶠ06, qui sert de base pour le percement à la mèche de trous et tamponnages est un prix applicable à la menuiserie ; il est basé sur une journée de compagnon menuisier, de 5 fr. 70 c., tandis que la journée de compagnon et aide-plombiers est de 12 fr. 10 c., et que celle de compagnon zingueur et aide est de 11 fr. 05 c. Ce prix n'est pas suffisant et devrait être porté à 0 fr. 10 c.

Art. 35. — Pour la pose des tuyaux de plomb, il n'est prévu à la Série de la ville de Paris que des crochets à pointe. Cependant on emploie très-fréquemment des colliers semblables à ceux qui sont figurés aux art. 35, 36, 37 et 38. J'ai prévu les colliers qui sont employés en remplacement de crochets ; je reproduis les sous-détails à l'appui des prix que j'ai portés à ces différents articles.

Pour supports à gorge (art. 35) :

Façon pour 150 supports, 1 jour pour forgeron et aide..	13ᶠ90
Fer plat de : en moyenne, 0ᵐ03 × 0ᵐ007 pèse 1ᵏ625 le mètre linéaire, longueur du support pour tuyau de 0ᵐ027 = 0ᵐ12 ; 0ᵐ12 × 150 produit en linéaire 18ᵐ00, pesant 1ᵏ635, soit 29ᵏ430, à 25ᶜ30....................	7 45
Charbon de forge......................................	0 90
Pour frais d'outils 1/10...............................	2 22
	24ᶠ47

Prix net pour un support : 0ᶠ13.

Pour 1ᵐ00 linéaire, comme ci-dessus.........	0ᶠ18
A déduire pour un crochet..................	0 04
Reste, pour fourniture de support....	0ᶠ14

Pour support à 2 scellements (art. 37) :

Façon pour 200 supports, 1 jour de forgeron et aide 13f 90

Longueur du support pour tuyau de 0m027 — 0m25 ;

0m25 × 200 produit en linéaire 50m00, pesant 1k635, soit 81k750, à 25f30 .... 20 68

Pour frais d'outils 1/10 .... 3 45

———

38f 03

Prix net pour un support 0f 19

A déduire, 2 crochets 0 04

———

Reste, pour fourniture de support 0f 15

Collier à partie mobile (art. 38) :

Cuivre fondu sur modèle, le kil 3f 20

Fer rond, pour tige à scellement, les 100 kil.. 24 20

Journée d'ajusteur 6 10

1 heure vaut 0f 61

1/2 — 0 32

1/4 — 0 16

1 minute vaut 0 012

Collier pour tuyau de plomb de 0m02 de diamètre :

Cuivre, 0k 160, à 3f 20 ..... 0f 51

Fer, 0 100, à 24 20 ..... 0 25

Vis, 2 à 0 10 ..... 0 20 } 1f 40

Façon du cuivre, 30 minutes.. 0 31

— du fer (l'heure, 0 061). 0 13

Collier pour tuyau de 0m027 de diamètre :

Cuivre, 0 180, à 3 20 ..... 0f 58

Fer, 0 110, à 24 30 ..... 0 27

Vis, 2 à 0 10 ..... 0 20 } 1f 55

Façon du cuivre, 35 minutes.. 0 37

— du fer, 5 à l'heure 0 13

Collier pour tuyau de 0m03 et 0m035 de diamètre :

Cuivre, 0k 190, à 3f 20 ..... 0f 61

Fer, 0 125, à 24 20 ..... 0 30

Vis, 2 à 0 15 ..... 0 30 } 1f 77, soit 1f 80

Façon du cuivre, 40 minutes.. 0 43

— du fer, 5 à l'heure 0 13

Collier pour tuyau de 0m04 et 0m045 de diamètre :

Cuivre, 0k 210, à 3f 20 ..... 0f 67

Fer, 0 200, à 24 20 ..... 0 48

Vis, 2 à ..... 0 30 } 2f 07, soit 2f 10

Façon du cuivre, 45 minutes.. 0 46

— du fer 0 16

Collier pour tuyau de 0m05 à 0m055 de diamètre :

Cuivre, 0k 235, à 3f 20 ..... 0f 75

Fer, 0 250, à 24 20 ..... 0 60

2 vis, à 0 20 ..... 0 40 } 2f 48, soit 2f 50

Façon du cuivre, 50 minutes.. 0 53

— du fer, 3 à l'heure 0 20

ART. **39.** — Les percements en mur et les scellements pour les colliers ci-dessus et même ceux qui sont nécessités par le travail de plomberie, n'ayant pas été prévus à la Série de la ville de Paris, il est utile d'établir un prix en rapport avec le travail fait par les ouvriers plombiers.

La Série de la ville de Paris, pour la maçonnerie, accorde, pour percement et scellement jusqu'à 0m32 de côté, 0m01 de léger, par 0m01 de profondeur.

La journée de compagnon maçon et son aide (art. 15 et 17) est de 10f 35

Pour le plombier et son aide 11 05

———

Différence en plus 0f 70

Le percement de 0m10 de profondeur vaut 0f 33, dont (suivant l'art. 1699) moitié pour percement et moitié pour scellement, compris la fourniture du plâtre, soit par moitié, 0 165. Le compagnon maçon et son aide devront, pour justifier le prix de journée ci-dessus, faire 62 percements.

62 percements par le plombier et son aide, calculés l'un, pour journée de 11f 05 .... 0f 18

plâtre et scellement 0 18

———

0f 36

que je porte à 0f40, vu que la profondeur des percements est portée à mon tarif suivant le diamètre des tuyaux.

ART. **42.** — Pour les supports à 2 scellements, employés pour tuyau de 0m02 de diamètre jusqu'à 0m055 de diamètre, un seul percement en mur étant suffisant pour les 2 scellements, il ne doit être alloué que 1/3 en plus du prix porté aux art. 39 et 40.

ART. **43.** — Pour les supports pour tuyaux au-dessus de 0m055, les 2 percements étant faits ensemble, et ne demandant ni double tracé ni double dérangement, il y a lieu de n'allouer que 3/4 en plus du prix porté aux articles 39 et 40.

ART. **52.** — Pour les nœuds de soudure, un prix uniforme ne peut être considéré comme sérieux, vu que les épaisseurs de tuyaux sont de 3, 4, 5, 6 et 7 millimètres d'épaisseur, et que la main-d'œuvre et l'emploi de soudure ne sont pas les mêmes, vu le plus ou le moins d'épaisseur des tuyaux.

Je les divise et je prends pour moyenne le prix actuel de la Série de la ville de Paris pour les tuyaux de 0m005 d'épaisseur.

ART. **55.** — Pour les soudures linéaires sur plomb, il y a lieu à modification, vu que, lorsqu'elles sont faites en petites parties, il est incontestable que le prix alloué n'est pas suffisant ; en voici la preuve :

Un relief de chéneau ou de terrasson, balcon, etc., varie de 0m10 à 0m30, la soudure est de 0,05 × 0m003 d'épaisseur.

Pour préparer un angle, gratter le plomb et faire la soudure, un compagnon et son aide emploient 20 minutes à 1 11 l'heure, soit : 0f 37

Soudure, compris charbon, 0k 310, à 1f85 .... 0 57

———

(Par mètre linéaire il entre 1k550 de soudure), soit. 0f 94

On accorde pour la moyenne de 0m20 de soudure à 3f 95 .... 0 79

———

Différence en moins 0f 15

Ce qui constitue 0f 15 de pure perte pour l'entrepreneur.

Pour cet article, comme pour ceux qui précèdent et même pour ceux qui vont suivre, il semblerait à première vue que je demande des augmentations sur la série actuelle, là n'est pas mon idée : je ne cherche seulement qu'à éviter (ce qui arrive journellement) que l'on dénature le travail ou l'interprétation de l'article.

Pour les soudures de reliefs ci-dessus, le prix est souvent porté à la pièce ou suivant une évaluation facultative, ce qui éloigne de la vérité et entrave le règlement, et encore plus la révision, laquelle ne voit pas sur place la nature du travail. De là surgissent des discussions et des réclamations que l'on peut éviter en donnant, ainsi que je le fais, un prix suivant le travail exécuté. J'ai donc ajouté un prix par mètre linéaire de soudure, pour toute longueur au-dessous de 0ᵐ50. Par ce moyen, les angles soudés seront comptés au linéaire comme toute autre soudure.

Art. **57.** — Le réservoir garni en plomb doit figurer à la Série ; son manque d'application a jusqu'à ce jour occasionné très-souvent des contestations sur le prix demandé par l'entrepreneur ; le vérificateur ne voyant aucun article spécial pour ce travail, se reporte souvent à l'art. 232 de la Série de la ville de Paris, qui porte un prix pour façon de plomb en table. C'est ce qui m'a engagé à détailler ce travail suivant les sous-détails ci-dessous.

Je prends le poids moyen du plomb le plus souvent employé pour garnir les réservoirs :

Plomb de 0ᵐ002 d'épaisseur, le mètre superficiel.   22ᵏ70
    —   0ᵐ025   —   —   28 40
                Ensemble.........   51ᵏ10

Par moitié, 25ᵏ550 pour 1ᵐ00 superficiel.

Exemple pour un réservoir de : 1ᵐ00 de large sur 0ᵐ80 de hauteur, et 0ᵐ30 de côté sur 0ᵐ80 de hauteur.

Superficie du plomb, compris fond, plomb sur épaisseur du bois, croisure pour les angles, 3ᵐ33, pesant 25ᵏ550, donne un poids de 85ᵏ080.

Un compagnon et son aide emploient à monter et dérouler le plomb, une demi-heure..............   0ᶠ56
A relever les reliefs de fond, encaisser le plomb, le battre et le dresser, une demi-heure..........   0 56
Pour le même travail pour les 4 jouées, trois heures à 1ᶠ11.............................   3 33
Pour chasser le plomb dans les angles des jouées et du fond, trois quarts d'heure..............   0 84
                               6ᶠ40

Il en résulte que le réservoir ci-dessus, pesant 85ᵏ080, coûte pour façon.....................   6ᶠ40
Soit les 100 kil.............................   7 50

que je porte à la série à 0 075 le kil., pour réservoir pesant 50 à 100 kil. inclusivement.

L'exemple ci-dessus m'a forcé de diviser la façon des réservoirs pour garde-robe ou autres, dont le peu de dimension force d'employer du plomb plus mince, la main-d'œuvre ne pouvant être fixée que sur le poids des matériaux employés.

Je prends la moyenne du plomb de 0ᵐ015 d'épaisseur pesant le mètre superficiel....................   17ᵏ00
Et la moyenne du plomb de 0ᵐ002 d'épaisseur pesant le mètre superficiel....................   22 70
                               39ᵏ70

Par moitié, 19 850 le mètre superficiel.

Exemple pour un réservoir de : 0ᵐ60 de large sur 0ᵐ40 de hauteur sur le devant, le fond de 0ᵐ60 × 0ᵐ15 de large, les deux côtés de 0ᵐ50 de hauteur sur 0ᵐ25 large en haut et 0ᵐ15 dans le bas, le derrière de 0ᵐ50 et 0ᵐ60.

Superficie de plomb employé, 0ᵐ87, pesant 19ᵏ850 le mètre superficiel, donne un poids de 17ᵏ250.

Pour encaisser le plomb ci-dessus : 1 compagnon et son aide emploient à tracer et couper, 20 minutes.   0ᶠ37
La pose des jouées, le battage des collets, 3/4 d'heure.................................   0 84
Le tracé, la pose, le battage du plomb formant fond, devant et derrière du réservoir, 1 heure ...   1 11
Pour chasser le plomb dans les angles, 1/4 d'heure   0 28
                               2ᶠ60

Il résulte que le réservoir ci-dessus, pesant 17ᵏ290, coûte de façon.............................   2ᶠ60
      Soit les 100 kil...............   15ᶠ60

que je porte à la série à 0ᶠ15, vu que le produit de 6 × 17ᵏ270 donne 103ᵏ62.

Pour les réservoirs au-dessus de 100 kil., vu l'emploi de plomb plus épais que ceux ci-dessus, je fixe la façon à..................................   0ᶠ06 le kil.

Art. **60.** — Le chéneau en plomb doit être placé dans la série de plomberie et de zingage, les soudures, l'ajustement, la pose et l'emploi du plomb concernant plutôt les plombiers que les couvreurs. Je suis forcé d'entrer dans des sous-détails très-minutieux ; le prix alloué à la série de couverture (Série de la ville de Paris) n'ayant pas de rapport avec la façon actuelle des chéneaux en plomb, je prends pour base du plomb de 0ᵐ0025 d'épaisseur, pesant le mètre superficiel 28ᵏ400.

Exemple : un chéneau pour un bâtiment de 10 mètres de longueur, façonné en encaissement (V. fig. 2) ou angle rond forme gouttière (V. fig. 1).

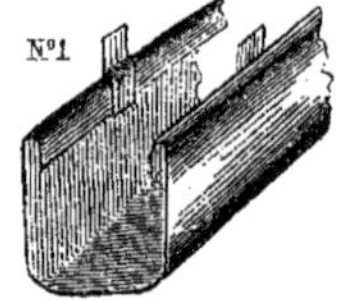

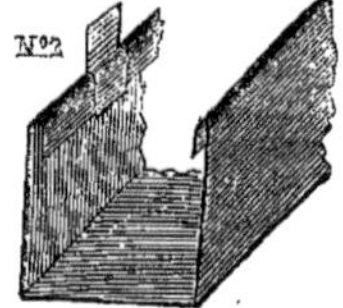

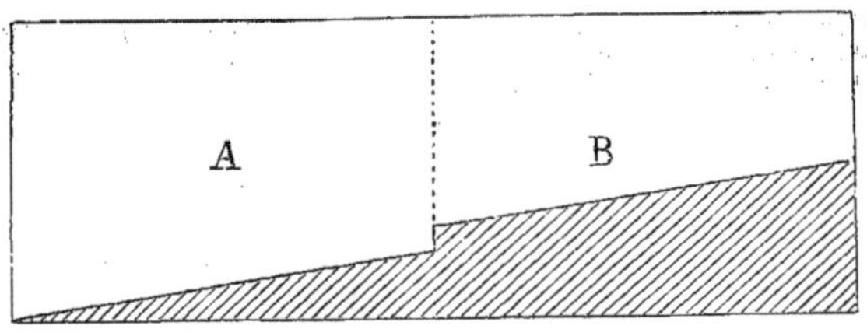

Chéneau à ressaut.

A 1 table de plomb de $5^m15 \times \dfrac{0^m87 \text{ et } 0^m72}{2}$ net 0^m80, produit 4^m12.

B 1 table de plomb de $5^m15 \times \dfrac{0^m66 \text{ et } 0^m51}{2}$ net 0^m59, produit 3^m04.

Soit superficie 7^m16 pesant 28^k400 le mètre superficiel 203^k344 le relevé des mesures, le tracé, la coupe du plomb à la fabrique ou à l'atelier;

Emploient compagnon et son aide 1 heure 1/2 à 1^f11 .... 1ᶠ 67

Transport à pied-d'œuvre, 1 heure............ 1 11

Pour monter le plomb, temps passé par 2 compagnons et leurs aides, ensemble 2 heures à 1^f11... 2 22

Repos accordé aux hommes, 1/4 d'heure, soit une 1/2 heure............................. 0 56

Le tracé, la mise en place des deux tables, le dressage et le battage du plomb; emploient 2 compagnons et leurs aides chacun pendant 3 heures, soit 6 heures à 1ᶠ11.......................... 6 66

Ensemble.................... 12ᶠ 22

suivant sous-détails ci-dessus, 203^k344 de plomb en chéneau valent pour façon 12ᶠ 30.

Suivant la Série, 203^k344 à 0^f052 valent pour façon 10ᶠ 57.

Le sous-détail ci-dessus prouve que le prix de 0^f052 est insuffisant, vu qu'il faut encore ajouter la différence du prix de la journée du couvreur à celle du plombier :

9 heures de couvreur coûtent 12ᶠ10, soit 1/9... 1ᶠ 35

10 heures de plombier coûtent 11 05, soit 1/10.. 1 11

Différence en plus............... 0ᶠ 24

Pour le chéneau ci-dessus, il est employé 11/10 qui, à 0ᶠ24 l'un, vaut, vu la différence du prix de journée 2ᶠ 64

A ajouter.................... 12 22

         14ᶠ 86

Pour pose suivant la Série de la ville de Paris.. 10 57

En perte pour l'entrepreneur........... 4ᶠ 29

Le sous-détail ci-dessus prouve que l'on ne peut pas poser des chéneaux en plomb au prix de 0ᶠ052 le kil. et cependant, je laisse exister le prix de 0ᶠ052, mais je porte un prix pour les usages, tel que coupe et dressage sur une rive (art. 61).

Battage de rive en double épaisseur (art. 62).

Battage de plomb pour ressauts et angle évitant les soudures (art. 63).

Pour la pose du plomb en table (art. 65) :

Je n'ai conservé le prix de 0^m04 que pour les grandes surfaces, et j'ai ajouté pour plus-value de façon les articles 66, 67 et 68 à l'appui des plus-values demandées; je dois donner quelques détails :

1° Pour l'art. 61, on doit n'admettre qu'une coupe, la pose devant être faite régulièrement pour la rive qui se trouve soit au droit du socle, soit au droit du brisis, et cette coupe doit avoir une valeur, vu la difficulté de passer à plusieurs fois la serpette et d'arracher l'alaise ;

2° Pour l'art. 62, le battage en bord double doit être payé, et son utilité est de beaucoup au-dessus de la valeur de ma demande pour ce travail.

Lorsque ce battage n'existe pas, au lieu de poser des mains d'agrafes servant à maintenir le plomb et qui lui laissent son entière dilatation, que fait-on ? Pour ne pas faire un travail qui ne serait pas payé, on met des clous, mais alors le plomb est bridé et il résulte des cassures, puis des infiltrations lesquelles peuvent (ce qui est souvent arrivé) entraîner la chute de l'entablement traîné au plâtre, ou bien en occasionner des infiltrations à l'intérieur qui pourrissent les bois de charpente, peuvent occasionner la chute des planchers ! De plus ce bord doublé, lorsque la couverture en brisis est en ardoises, est très-utile pour le soutien du premier rang d'ardoises, et sert de coupe-larme pour l'eau.

Pour l'art. 63, le battage du plomb sur ressaut est un complément de bon travail : il laisse la dilatation, empêche le plomb de se déchirer, ce qui occasionnerait la détérioration des entablements et des planchers, comme il est dit ci-dessus. De plus, cela présente un autre avantage, vu que souvent on ne peut se procurer du plomb de la longueur des chéneaux, et qu'alors il faut revenir à l'ancien système, faire des soudures, lesquelles reviennent plus cher que la façon d'un ressaut et sont toujours susceptibles de dégradations.

Exemple : Le chéneau qui a servi de base développe au droit du ressaut 0^m72.

Une soudure de $0^m05 \times 0^m003$ vaut, le mètre linéaire, 3ᶠ 95.

Soit pour 0^m72............................. 2ᶠ 84

Je demande pour façon de ressauts.......... 1 10

Différence en moins.......... 1ᶠ 74

Il y a donc là économie et bon travail. Le poids des têtes de chéneaux figurant avec celui des tables de plomb, leur plus-value se trouve compensée par l'art. 55, sur la soudure faite au-dessous de 0^m50 linéaire.

La note portée après l'art. 63 est indispensable : souvent les lucarnes ne sont pas en saillie dans les chéneaux, et il ne serait pas juste qu'elles fussent assimilées comme pose à celles qui rencontrent à chaque instant des angles saillants.

Art. **64.**—Pour le plomb en table façonné en tuyau, la main-d'œuvre ne peut être fixée qu'au kil., vu les différentes épaisseurs du plomb employé.

Art. **65.** — Pour la pose du plomb en table, on ne peut conserver un prix unique, car entre poser le plomb sur un balcon ou le poser comme terrasson dans un cabinet d'aisances, il ne peut y avoir de rapport, que fait-on alors? On demande pour les petites dimensions un prix en évaluation, prix qui n'a aucune base sérieuse, puisque l'entrepreneur se fixe sur le temps passé par un ouvrier, qui se trouve plus ou moins habile. Pour éviter cet abus, j'ai classé le prix de plomb en table suivant l'emploi le plus fréquent, et j'ai ajouté les art. 67, 68 et 69 pour en faire un travail complet qui évitera de faire de fausses applications de prix.

Art. **69.** — Sous-détail pour collet rapporté au pourtour d'un pied de balcon en fer; l'ajustement et les préparations à la soudure,

Demandent, pour un compagnon et aide, un quart d'heure............................ 0^f 28

0^m24 de soudure à 2^f 16 le mètre linéaire...... 0 51
                                                                  ————
                                                                  0^f 79

que je porte à 0^f 80.

Art. **70.** — Raccord de pied de balcon avec embase :
Pour limer le fer sur place, un compagnon et son aide peuvent en préparer deux dans une heure, soit pour un.. 0^f 56

Acide, soudure, charbon, pour les deux, à 0^f 25, soit pour un................................ 0 13
                                                              ————
                        Pour un raccord........ 0^f 69

que je porte à 0^f 70.

Art. **73.**—Pour embase en zinc n° 16, 0^m20 × 0^m05 soit 0^m001 à 6^f 35............................. 0^f 07
Façon, coupe des angles, 10 minutes.......... 0 18
4 angles soudés............................. 0 40
Soudure, charbon pour jonction sur le fer..... 0 15
                                                      ————
                                                      0^f 80

Embase en cuivre de 0^m001 d'épaisseur vaut... 0^f 22
Façon id................................... 0 18
4 angles soudés, compris étamage............ 0 50
Soudure id. sur le fer...................... 0 25
                                                      ————
                                                      1^f 15

Art. **74.** Le réservoir en tôle est assez souvent fabriqué et posé par le plombier; pourquoi ne pas le classer dans la Série et pourquoi l'assimiler à la fumisterie?

1° Le réservoir des fumistes est en tôle mince, de petites dimensions, qui permettent souvent l'emploi d'un seul homme pour sa fabrication; son transport est facile et peu coûteux;

2° Les réservoirs servant aux distributions des eaux et employés par le plombier sont, au contraire, établis en forte tôle, ils sont montés sur cornière, leur poids considérable exige l'emploi de plusieurs hommes;

3° Il arrive souvent que les réservoirs ne peuvent être livrés tout montés, il y a donc une manutention qu'il est utile d'observer, puisqu'il faut à l'atelier assembler et monter à blanc toutes les pièces, faire des repères pour démonter le tout, les charger et les décharger, puis les monter pièce par pièce et le plus souvent par des passages difficiles;

4° Il faut de nouveau monter sur place toutes les pièces de tôle et les cornières, et faire les rivures, ce qui nécessite un déplacement d'ouvriers, et le transport d'outils et d'un matériel que l'on ne saurait avoir en dehors de l'atelier.

Le résultat de toutes les observations ci-dessus et l'appréciation du travail m'ont forcé de porter des prix suivant les poids divisés, comme il le sont à la série actuelle.

En prévision de différents emplacements pour le montage des réservoirs, j'ai dû ajouter les articles qui se touvent à la suite des prix de réservoir, art. 74.

Art. **77.** Pour le serrage de joint de bride sur réservoir, je n'ai pu admettre les façons et la pose des joints de bride qui précèdent, vu que, pour descendre dans l'intérieur du réservoir, il faut l'emploi de deux hommes, dont l'un maintient le boulon, tandis que l'autre fait le serrage de l'écrou. Travail estimé pour un tiers en plus du prix porté à l'art. 31.

Art. **78.** Sous-détail à l'appui :

1^m00 superficiel de carton de 0^m005, pesant............................ 7^k150 }
Déchet, 1/4..................... 1 780 } 8^k930
A 26^f 40.. 2^f 35
1^k500 huile de lin épurée, à 1^f 54.............. 2 31
                                                                  ————
                                                                  4^f 46

que je porte à 4^f 65.

1^m00 superficiel de carton de 0^m008 pesant...................... 11^k440 }
Déchet, 1/4.................... 2 860 } 14^k300
A 26^f 40.. 3^f78
2^k00 huile de lin épurée, à 1 54.............. 3 08
                                                                  ————
                                                                  6^f 86

que je porte à 6^f 85.

Art. **79.** — Rondelle en plomb, poids moyen, 6^k00 pour fonte, à 0^f 10...................... 0^f 60
1/2 heure pour moulage, à 1^f 11 l'heure....... 0 55
                                                              ————
                                                              1^f 15

pour 1^k00, 0^f 19, que je porte à 0^f 20 le kil.

Pour rondelle découpée dans le plomb en table :
Pour tuyau de 0^m13 de diamètre .... 1^k900
Façon de 4 à l'heure, soit............... 7 600
Pour 1^f 11 et pour 1^k00.................... 0^f 17

Art. **80.** — Enduit en minium de rondelles sur les deux faces.

Emploi pour 1ᵐ00 superficiel, 7ᵏ50 de minium,
à 1ᶠ82 .... 13ᶠ65

1ᵐ00 superficiel de plomb, pesant 79ᵏ500, à
compter pour enduit deux faces et par kil. 0 18

Aʀᴛ. **84** et **85**. — Je divise l'article de pose de robinet, vu que, lorsqu'on arrive au diamètre de 0ᵐ055, le robinet porte souvent deux brides, et pour le diamètre au-dessus, lorsqu'on n'emploie pas de robinet en cuivre, on emploie des robinets-vannes, lesquels, par leur poids, leur pose en élévation ou souvent la descente dans les regards ou galeries, demandent un travail plus dispendieux que ne le rétribue la Série de la ville de Paris.

Je porte un prix pour les branchements de tuyaux de distribution faits sur une maîtresse conduite, bien que les prix portés pour les empatements en soudure comprennent le percement du trou sur le tuyau, ce qui est une omission, car le prix que l'on alloue pour la pose d'un robinet sur tuyau de plomb n'est alloué que pour dédommager de la perte de temps qu'exigent les moyens de consolider le robinet pour le souder, travail qui est le même pour faire un branchement de plomb sur plomb.

Aʀᴛ. **87**. — Les prix alloués à la Série de la ville de Paris pour les rodages de robinets ne peuvent être applicables que lorsque le robinet est rodé sur place, encore faut-il que le temps passé par l'ouvrier se trouve payé. Bien que je respecte les prix de la Série, après sous-détails faits, j'ai ajouté le *nota* qui termine l'art. 87.

Sous-détails (je prends pour moyenne le robinet de 0ᵐ055 de diamètre) :

Pour roder et ajuster la clef de ce robinet, un ouvrier emploie :

2/10 1/2 à 0 67 le 1/10 .... 1ᶠ67
1/2 heure à un aide-ajusteur, à 0ᶠ44.......... 0 22
                                  1ᶠ89

    La Série de la ville de Paris accorde....... 1 80

    Différence en moins.................... 0ᶠ09

A cela, il faut encore ajouter les matières employées pour faire ce rodage.

ZINCAGE.

Aʀᴛ. **93**. — La couverture en zinc, comme elle se fait aujourd'hui, demande à être consciencieusement étudiée. Depuis quelques années on couvre des brisis en zinc, qui souvent ont deux étages en hauteur ; le zinc remplace le ravalement ; on fait aussi des combles circulaires, travail non prévu et qui ne peut se faire au prix de 0ᶠ90, 1ᶠ00 et 1ᶠ10 le mètre superficiel.

Pour éviter les contestations des prix demandés pour ces travaux, je divise la couverture suivant son emploi, et à l'appui de sous-détails, j'en établis le prix suivant chaque nature d'exécution.

1° Couverture en zinc ordinaire jusqu'à 0ᵐ30 de pente par mètre.

Pour ce travail, je maintiens les prix de façon ci-dessus, soit :

Pour emploi de feuilles de 0ᵐ30 de large...... 1ᶠ10
    Id.   *id.*   de 0ᵐ65   *id.* 1 00
    Id.   *id.*   de 0ᵐ80   *id.* 0 90

2° Couverture sur comble rapide, c'est-à-dire au-dessus de 45 degrés, pour laquelle il faut poser et clouer des traverses en bois, afin de supporter les ouvriers ou même attacher les ouvriers. Il est incontestable que l'ouvrier placé dans cette position ne peut faire autant de travail que celui qui est libre de ses mouvements et qui ne craint pas de faire une chute ; le service fait par le garçon subit les mêmes conséquences, et souvent il faut donner un homme de relais à ce compagnon.

3° Couverture pour brisis. Pour exécuter ce travail, le compagnon ne peut se tenir que dans un chéneau ; souvent même il ne se trouve qu'une gouttière, laquelle, bien que posée avec de forts crochets, ne peut supporter un homme et ne peut lui servir pour exécuter son travail ; il faut alors établir des échafauds, ce qui est une dépense non prévue aux prix de couverture ci-dessus, et ce qui est également un surcroît de déboursé pour l'entrepreneur.

4° Couverture sur comble circulaire, lequel réunit à lui seul les difficultés énoncées ci-dessus, et de plus demande une main-d'œuvre pour le dégorgement au marteau des reliefs des feuilles, le cintrage des couvre-joints, et enfin présente une difficulté de pose plus onéreuse que la pose même sur comble rapide.

Pour établir les sous-détails à l'appui des prix que j'ai portés sur ma série, je commence par la couverture pour brisis ou comble rapide :

Je prends pour exemple une couverture de 15ᵐ00 de longueur sur 3ᵐ00 de hauteur, feuilles de 0ᵐ80 de largeur.

Produit de couverture................ 45ᵐ00
Zinc développé par mètre, 1ᵐ23, produit..... 53ᵐ35
Il y a par mètre superficiel, pour les couvre-joints, 0ᵐ14, et pour 45ᵐ00, produit........... 6 30
      Reste de superficie de zinc en feuilles... 49 05

49ᵐ05 à 0ᶠ90 de façon, produit une somme de 44ᶠ15, qui représente 4 journées de compagnon et aide à 11ᶠ05 .... 44ᶠ20

Il est employé en plus que pour couverture ordinaire 4 journées d'un second aide, à 4 40... 17 60

La pose des couvre-joints faite par un compagnon et un seul aide, soit 6ᵐ30 à 0ᶠ90 le mètre superficiel............................... 6ᵐ30
                                  5 67
                                  67ᶠ47

Il résulte, suivant sous-détails, que 55ᵐ35 de couverture coûtant 67ᶠ47, le prix du mètre est de......... 1ᶠ22
Payé au prix ordinaire.................... 0 90

Différence de..... 0ᶜ32
pour laquelle je demande 1/3 en plus sur la façon de couverture seulement.

(Pour cet exemple comme pour ceux suivants, je ne demande aucunes augmentations sur les usages.)
Couverture en feuilles de 0ᵐ65 de largeur pour la même superficie de 45ᵐ00, à 1ᵐ29, développé par mètre. 58ᵐ05
Déduire, *id.*, pour couvre-joints, 0ᵐ17 × 45ᵐ00. 7 65

Reste en superficie..... 50ᵐ40

50ᵐ40 à 1 fr. de façon, soit une somme de 50ᶠ40.

La journée étant de 11ᶠ05, ladite somme représente :
4 jours à 11ᶠ05.................... 44ᶠ50)
5/10............................. 5 53 } 50ᶠ47
40 minutes....................... 0 74)

Plus, un aide en plus, 4 jours à 4ᶠ40. 17ᶠ60)
5/10............................. 2 20 } 20 09
40 minutes....................... 0 19)

70ᶠ56
Pose de couvre-joints, 7ᵐ65, à 1ᶠ00....... 7 65

78ᶠ21

Il résulte suivant sous-détails que 58ᵐ05 superficiels de couverture coûtent 78ᶠ21, et pour 1 mètre superficiel 1ᶠ35
Payé au prix ordinaire..................... 1   »

Différence de..................... 0ᶠ35

Même demande que ci-dessus de 1/3 en plus :

Couverture en feuilles de 0ᵐ50 de largeur même surface de 45ᵐ00.
A 1ᵐ35 développé par mètre superficiel, produit 60ᵐ75
A déduire pour couvre-joint à 0ᵐ20 × 45ᵐ00.... 9 00

Reste en superficie.............. 51ᵐ75

51ᵐ75 à 1ᶠ10 le mètre superficiel pour façon, soit une somme de.................................. 56ᶠ93

La journée étant de 11ᶠ05 ladite somme représente :
5 jours à 11ᶠ05.................... 55ᶠ25)
1/10 .... 1 11 } 56ᶠ92
1/2 heure........................ 0 56)

Pour un aide en plus :
5 jours à 4ᶠ40.................... 22ᶠ00)
1/10............................. 0 44 } 22 66
1/2 heure........................ 0 22)

79ᶠ58
Pose de couvre-joints 9ᵐ00 à 1ᶠ10........... 9ᶠ90

89ᶠ58

Il résulte suivant sous-détails que 70ᵐ75 de couverture coûtent 89ᶠ48, et que pour 1ᵐ00 superficiel....... 1ᶠ47
Payé au prix ordinaire..................... 1 40

Différence..................... 0ᶠ07

Même demande que ci-dessus, 1/3 en plus :

Pour la couverture sur comble circulaire, il faut admettre la même plus-value pour la pose, mais il y a en plus, sur la façon, le dégorgement des reliefs des feuilles pour se raccorder au cintre du comble.

Je commence par la couverture en feuilles de 0ᵐ80 de large :

Un compagnon et aide peuvent dégorger les reliefs de 6 feuilles dans une heure, soit 24ᵐ00, pour 1ᶠ11 le mètre linéaire, 0ᶠ046.
pour 1 mètre superficiel de couverture, il y a 2ᵐ80
de relief à 0ᶠ046........................... 0ᶠ128
1ᵐ40 de couvre-joint pour cintre, à 0ᶠ02........ 0 028

0ᶠ156
Plus-value ci-dessus sur comble rapide....... 0ᶠ320

0ᶠ476

Je demande, vu ce sous-détail, moitié en plus, vu la façon de couverture à 0ᶠ90.

Couverture feuilles de 0ᵐ65 large, 3ᵐ40 de relief de feuilles à 0ᶠ046, pour le dégorgement ci-dessus.. 0ᶠ156
1ᵐ70 de couvre-joint circulaire, à 0ᶠ002...... 0 034

0ᶠ190
Plus-value sur comble rapide.............. 0 350

0ᶠ540

Demande comme ci-dessus, moitié sur le prix de 1ᶠ00.

Couverture en feuilles de 0ᵐ50 de large, 4ᵐ00 de relief à 0ᶠ46, pour dégorgement comme ci-dessus..... 0ᶠ184
2ᵐ00 cintrage pour couvre-joint à 0ᶠ002...... 0 0ᶜ4

0ᶠ224
Plus-value sur comble rapide.............. 0 370

0ᶠ594

Demande comme ci-dessus, moitié en plus sur le prix de 1ᶠ10.

Art. **93** *bis*. — Couverture en vieux zinc provenant de découverture.
Ce travail occasionne très-souvent des discussions pour le règlement, le texte de la Série de la ville de Paris n'étant pas explicite sur le travail du vieux zinc.
Le prix accordé à ladite série est, pour la couverture en feuilles de 0ᵐ80 de large.................... 1ᶠ40
A déduire la découverture de................ 0 15

Il reste........................... 1ᶠ25
La façon du zinc neuf est payée.............. 0 90

Différence..................... 0ᶠ35

On accorde donc 0ᶠ35 en plus pour redresser les reliefs et refaçonner les agrafures, travail toujours difficultueux même à la pose, vu que le vieux zinc est toujours très-cassant, et qu'il nécessite l'emploi de charbon pour le chauffer lors de la réfection des reliefs et des agrafures. Il y a encore dans ce prix de 0ᶠ35 les réparations sur les cassures desdits reliefs et agrafes ; on doit aussi observer que la façon ci-dessus ne peut se faire qu'à l'aide de la batte et que l'on ne peut employer les machines à border, que cette préparation se fait sur le chantier et qu'alors l'ouvrier échappant à la surveillance sérieuse des patrons et de leurs commis, a moins d'activité au travail.

Tout ce détail ci-dessus n'a, à première vue, aucun intérêt, puisque je maintiens les prix portés à la Série de la ville de Paris. Pour l'emploi du vieux zinc, il est utile que l'on soit fixé sur ces prix et que je les fasse ressortir, vu qu'ils ne sont applicables que pour le remploi de feuilles de zinc portant la longueur et la largeur du commerce.

Il y a maintenant à démontrer que, bien que l'on accorde 0^f35 de plus-value sur cette façon de vieux zinc, il arrive souvent que cette plus-value n'est pas suffisante. C'est ce que je vais détailler pour servir de sous-détails à l'art. 94, qui paraît très-minime, et cependant demande un assez long détail, vu qu'il est toujours contesté au règlement des mémoires.

Dans l'emploi du vieux zinc, il arrive très-souvent que l'on réduit les feuilles de $2^m00 \times 0^m80$ et celles de 2^m00 et 0^m65, à 1^m90 et 1^m92 de longueur et à 0^m65 et 0^m50 de large. Pour le mètre superficiel de la couverture, il n'y a aucun inconvénient, puisque l'on développe le zinc; mais ce qui motive les contestations, c'est lorsque l'entrepreneur demande la plus-value pour avoir équarri les feuilles; il s'appuie sur la série qui dit : *Coupe sur vieux zinc*, 0^f25 le mètre linéaire; l'entrepreneur développe toutes les coupes et les compte à ce prix, ce qui produit une forte augmentation. Le vérificateur, ne trouvant pas d'article pour cette simple coupe, se reporte de suite à l'article (*façon de couverture en vieux zinc*) et ne veut alors rien allouer. Dans ce cas, entrepreneur et vérificateur ne sont nullement dans le vrai.

Le prix de 0^f25, pour coupe sur zinc, n'est que pour celles biaises où il y a un tracé sur place, la façon d'un relief et d'une agrafe ; il n'est donc pas applicable à la coupe pour équarrir des feuilles de zinc, vu que la première feuille, étant réduite de largeur et de longueur, sert de calibre pour équarrir les autres et que ce travail se fait sur l'établi, sans aucun déplacement pour aller tracer les coupes ; ce travail ne doit être évalué que le 1/3 de la coupe biaise :

Soit art. 94, 0^f08.

Suivent plusieurs sous-détails à l'appui, vu que l'on ne peut admettre cet article que pour le linéaire de sa coupe et non en augmentation sur le prix du mètre superficiel.

Une feuille, vieux zinc, de $2^m00 \times 0^m80$ réduite à $1^m92 \times 0^m65$, développe pour coupe 5^m14 à 0^f08, soit 0^f41.

Une feuille de $1^m92 \times 0^m65$ produit 1^m24 à 1^f35 de façon, soit 0^f67.

Une feuille de $2^m00 \times 0^m65$ produit 1^m30 et ne coûte pas davantage à l'entrepreneur pour la façon et pose, il y a donc pour la pose une perte de 0^m06 superficiel, à 1^f35, soit une somme de...................... 0ᶠ 08

Si l'on ajoute les coupes sur le zinc, soit....... 0 41

1^m30 façon et pose à 1^f00...................... 1 30
                                     ———
                                    1ᶠ 79

en employant une feuille de vieux zinc non équarrie de $0^m65 \times 2^m00$ produit 1^m30 à 1^f35................. 1ᶠ 76

En employant du zinc neuf, soit 1^m30 à 1^f00... 1 30

On accorde donc en plus pour vieux zinc...... 0ᶠ 46

Si on retire pour les coupes comme il est dit 0ᶠ41 ⎫
La perte de superficie pour pose, vu la ré-   ⎬   0ᶠ 49
duction de la feuille de 0ᶠ06, vaut......... 0ᶠ08 ⎭

Il se trouve que l'on paye en moins du prix accordé 0^f03.

Il est donc prouvé que celui qui emploie du zinc de 0^m65 de largeur, non équarri, aura pour l'emploi du vieux zinc une plus-value de 0^f46.

Et que celui qui équarrira les feuilles aura une perte réelle de 0^f03.

Maintenant, prenons pour base le prix de façon du zinc en feuilles de $0^m65 \times 2^m00$ à 1^f00 le mètre superficiel...................................... 1ᶠ 30

Ajoutons pour coupe du vieux zinc et pour perte de superficie, pour la pose..................... 0 45
                                     ———
                                    1ᶠ 75

La feuille de 1^m92 et 0^m65 produit 1^m24 à 1^f35, soit...................................... 1 67
                                     ———

Il ne restera donc en plus-value que........... 0ᶠ 08

Ce détail prouvera, je pense, qu'il est indispensable d'accorder le prix de 0^f08 par mètre linéaire pour équarrir les feuilles, puisque la série accorde pour le vieux zinc une plus-value de 1^f00 à 1^f35 et que, par le détail ci-dessus, cette plus-value n'est que de 0^f08.

Pour les couvertures soudées en jonction de feuilles il y a également un article additionnel à porter, et que j'évalue à 1/7 de plus-value sur le prix de façon, mais seulement sur la superficie des feuilles employées, non compris le développement des couvre-joints et des accessoires.

La soudure supprime, au développement du mètre, 0^m07 sur une longueur de 0^m65, ce qui produit 0^m05 à 1^f35, soit 0^f07.

Pour une couverture de 3 feuilles de hauteur équarries à 1^m92 et 0^m65, soit :
$1^m92 \times 3 = 5^m76 \times 12$ feuilles de $0^m65 = 7^m80$ prod. 44^m93.

Il y aurait en hauteur 2 agrafures chacune
$$7^m80 = 15^m60 \times 0^m07 \text{ produit } 1^m09$$
à 1^f35 le mètre superficiel, soit 1^f47.

Pour remplacer cette somme de 1^f47, l'entrepreneur est obligé de faire 15^m60 de soudure sur vieux zinc, laquelle est payée 0^f65 le mètre linéaire :
Soit une somme de...................... 10ᶠ 04
De laquelle je déduis.................... 1 47
                                     ———

Il y a donc de dépense..................... 8ᶠ 07

En faisant faire de la couverture soudée, le client bénéficie donc sur le développement du zinc, lequel devrait être de 44^m93 à déduire 1^m49, soit pour lui un boni de 0^m033 par mètre.

L'entrepreneur en faisant des soudures, lesquelles seraient payées 10^f44, est en retour de 0^f0225.

Ce qui fait par mètre superficiel 0^f192 de déboursé en plus que lorsque la couverture est agrafée ; c'est pourquoi je demande pour ce genre de travail 1/7 en plus. (Voir l'art. 93 *bis*.)

Comme on ne fait ce genre de travail que dans les couvertures remaniées sur d'anciens combles, il est inutile de demander une augmentation sur la couverture en zinc neuf, laquelle doit être posée à dilatation libre ; en accordant une plus-value, on pourrait engager à faire un mauvais travail.

Je crois inutile de parler des soudures de feuilles remplaçant les tasseaux, car c'est un très-mauvais travail ; dans le cas où il faudrait absolument le faire, le sous-détail ci-dessus prouve assez qu'on doit payer ces soudures.

Art. **97.** — Pour la couverture en zinc neuf, je porte pour les soudures de talon et têtes en chevalement un prix qui est à tort supprimé depuis deux ans et qui devrait être rétabli ; ce prix était autrefois de 0ʳ20, je le réduis à 0ʳ10 vu l'augmentation du prix des journées ; je maintiens les soudures pour réunion de couvre-joints ou pour soudures des manchettes.

Pour les talons fournis et soudés sur vieux zinc pour couverture remaniée, on doit maintenir le prix de 0ʳ20, mais compris la fourniture du zinc.

Pour les angles des souches ou des châssis, il y a lieu à ne rien changer et la demande faite pour angle saillant ne peut être admise.

Pour un angle saillant sur relief de 0ᵐ10 de hauteur :

Il y a 0ᵐ28 de soudure à 0ʳ50	0ʳ14
3 coupes biaises, compris celle du gousset d'ensemble 0ᵐ42, à 0ʳ25. (J'admets ce prix vu les petites parties)	0 11
	0ʳ25

Pour un angle droit, 2 coupes droites chacune de 0ᵐ10, ensemble 0ᵐ20, à 0ʳ08 ..... 0ʳ02
0ᵐ10 de soudure à 0ʳ50 ..... 0 05
Battage du zinc pour faciliter la soudure 0 02
                                                          0ʳ09

Il y a donc lieu, suivant le détail ci-dessus, de maintenir le prix de 0ʳ25 pour angle rentrant ou saillant.

Pour les coupes biaises, ne portant d'autre façon que la coupe simple, le prix alloué est de 0ʳ10.

Pour les coupes circulaires qui ne peuvent se faire qu'à l'aide de la griffe, le prix est de 0ʳ25, le même que celui pour les noues ou autres, où il y a façon de relief ou d'agrafe.

Art. **98.** — Ajoutons ici le prix de façon des bandes solin et complétons le détail :

Pour bien poser la bande de solin, il faut faire la clouure de 0ᵐ10 en 0ᵐ10, vu qu'un clou doit être enfoncé et qu'il doit faire serrage sur le zinc de la bande et que le clou suivant ne doit pas être chassé à fond, afin de pouvoir soutenir le solin en plâtre. Ce travail doit être fait avec soin, il éviterait que le solin en plâtre ne se détache, ainsi que cela arrive souvent.

La largeur ordinaire est de 0ᵐ10, elle ne devrait pas excéder ce chiffre si l'on veut faire un bon travail ; ceci est pour la bande de solin portant ourlet plat ; pour la bande de solin portant boudin, on peut admettre 0ᵐ12 de largeur, mais pas plus ; sa pose est la même que celle de la bande de solin à ourlet.

Pour prouver que 0ʳ30 pour façon et pose est un prix insuffisant, je prends pour exemple la bande de solin à ourlet plat.

Voici le travail que demande cette bande :

Coupe à la griffe pour la débiter, vu qu'elle se fait en petites parties, le mètre linéaire 0ʳ10
La clouure, le mètre linéaire 0 15
Ajoutons la façon et pose pour le prix accordé pour la couverture, soit pour 0ᵐ10 de large à 0ʳ90 le mètre superficiel, prix de façon de la couverture en feuille de 0ᵐ80 de large 0 09
                                                          0ʳ34

Pour la façon et la pose de couverture, il y a trois prix différents, vu qu'il y a trois différentes largeurs, mais il n'y a pas lieu de faire supporter des différences de prix pour les bandes de solins, leur travail étant le même pour ces couvertures de différentes largeurs. Cependant, pour arriver à un prix qui, selon moi, est le vrai, il faudrait que ce prix fût uniforme, et que l'on comptât la façon suivant la couverture en feuilles de 0ᵐ65, car on emploie le plus souvent la largeur de 0ᵐ80 pour couvrir des hangars, où il y a rarement des murs ou des cheminées. En prenant pour moyenne la façon de la bande de solin de 0ᵐ10 de large comptée de 1ʳ00 le mètre superficiel comme façon de couverture en feuille de 0ᵐ65 de large, on obtiendra par mètre linéaire 0ʳ10
Coupe 0 10
Clouure 0 15
                       Soit 0ʳ35

Il était accordé autrefois pour plus-value de façon de bande solin et pose 0ʳ30
Plus, comme façon de couverture à 1ʳ00 le mètre superficiel 0 10
                                                          0ʳ40

Pour la bande à boudin rechassé qui ne doit pas excéder 0ᵐ12 de large, on devrait avoir un prix plus élevé, et la preuve, c'est qu'on dit façon et pose de bandeau en zinc au-dessus de 0ᵐ15 de largeur, le mètre linéaire 0ʳ83
Moins l'engravure de 0 10
                       Reste 0ʳ73

Le travail pour chasser le boudin vaut bien le travail pour doubler la deuxième rive du bandeau ; ce prix de 0ʳ73 est donc bien celui qui devrait être payé pour façon et pose, il y aurait même à ajouter la clouure, et cependant ce prix ne serait pas accepté. Il y a, il est vrai, moins de difficulté pour poser une bande de solin que pour poser un bandeau, et voici la base que je prendrais :

Coupe sur zinc, comme ci-dessus 0ʳ10
Clouure sur zinc, comme ci-dessus 0 15
Façon du boudin rechassé et pose de la bande, comme bande ordinaire, 0ᵐ12 à 1ʳ00 le mètre superficiel 0 12
Pour boudin rechassé 0 05
                                                          0ʳ42

Anciens prix accordés, le mètre linéaire. 0ʳ30
Plus-value, le mètre linéaire 0 12
                                        0ʳ42

Art. 100. — Il est un genre de couverture pour lequel il n'y a pas de prix établi et qui se présente souvent; c'est la couverture pour balcon, terrasse et terrasson, lesquels sont souvent en feuilles soudées.

Ce travail, qui est d'une mauvaise exécution, se rencontre parfois lorsqu'on n'a pas assez de pente pour agrafer les bouts de feuilles, et que l'on veut éviter les tasseaux formant saillie, cela nécessite des soudures; lorsqu'on voudra faire un bon travail et que l'on posera de petits chéneaux ou des ressauts, ce travail devra être payé suivant sa valeur.

J'établis donc le prix du zinc en balcon et terrasse soudés (ce prix est pour remplacer le prix de 1^f10. série 285) travail qui manque de détails; pour l'établir, il faut donner une valeur au relief battu d'équerre et à la façon d'un boudin, et compter les soudures pour leur valeur.

Je prends la façon de terrasson ou de terrasse employant plus d'une feuille de hauteur et au moins quatre feuilles en largeur ayant trois rives portant relief d'équerre et un boudin ou un bord en larmier sur une rive.

Hauteur $3^m00 \times 3^m20$ produit 9^m60. (Il y a 6^f00 de soudure).
Il y a de soudure, 3 de chaque, $2^m97 = 8^m91$
Une de . . . . 3^m11
             12^m02
et pour 1^m00 sup., 0^f626.
 à . . . . 0^f50
             6^f010

Une terrasse même largeur de 3^m90 de hauteur:
$3^m20 \times 3^m90$ produit 12^m48. (Il y a 7^f36 de soudure).
Il y a 3 soudures chaque, $3^m87 = 11^m61$, et pour 1^m00 sup., soudure 0^f39.
Une de . . . . 3^m11
             14^m72
 à . . . . 0^f50
             7^f36

Une terrasse même largeur, et de 4^m10 de hauteur:
$3^m20 \times 4^m10$ produit 13^m12. (Il y a 9^f17, soudure).
Il y a 3 soudures chaque, $4^m04 = 12^m12$ et pour 1^m00 sup., soudure 0^f70.
2 de chaque 3^m11 . . . . 6^m22
             18^m34
 à . . . . 0^f50
             9^f170

Une terrasse de $1^m90 \times 3^m20$ produit 6^m08. (Il y a 2^f85 de soudure).
Il y a 3 soudures de chaque, $1^m90 = 5^m70$ et pour 1^m00 sup., soudure 0^f47.
 à . . . . 0^f50
             2^f8500

Les quatre produits ci-dessus sont pour démontrer qu'on ne peut faire un article pour zinc en superficie, compris soudure.
Etablissons le métré des quatre terrasses ci-dessus faites comme couverture ordinaire.

Le 1er produit 9^m60 à 0^f40 . . . . 3^f80 ⎫
Soudure . . . . 6 01 ⎪
Relief 2 de chaq. $3^m00 = 6^m00$ ⎱ 9^m20 à $0^f10 = 0$ 92 ⎬ 12^f21
1 de . . . . 3^m20 ⎰ ⎪
Boudin de larmier 3^m20 à 0^f15 . . . . 0 48 ⎪
Angles soudés 4 à 0^f25 . . . . 1 00 ⎭

Le 2me produit 12^m48 à 0^f40 . . . . 4^f99 ⎫
Soudure . . . . 7 36 ⎪
Relief 2 de chaq. $3^m90 = 7^m80$ ⎱ 11^m00 à 0^f10 1 10 ⎬ 14^f93
1 de . . . . 3^m20 ⎰ ⎪
Bande de larmier. . . . 3^m20 . . . . . . à 0^f15 0 48 ⎪
Angles soudés 4 . . . . à 0^f25 1 00 ⎭

Le 3me produit 13^m12 à 0^f40 . . . . 5^f25 ⎫
Soudure . . . . 9 17 ⎪
Relief 2 de chaq. $4^m10 = 8^m20$ ⎱ 11^m40 à 0^f10 1 14 ⎬ 17^f04
1 de . . . . 3^m20 ⎰ ⎪
Boudin de larmier . . . 3^m20 . . . . . . à 0^f15 0 48 ⎪
Angles soudés, 4 . . . . à 0^f25 1 00 ⎭

Le 4me produit 6^m08 à 0^f40 . . . . 2^f40 ⎫
Soudure . . . . 2 85 ⎪
2 reliefs chaque $1^m90 = 3^m80$ ⎱ 7^m00 à 0^f10 0 70 ⎬ 7^f43
1 de . . . . 3^m20 ⎰ ⎪
Bande de larmier. . . . 3^m20 . . . . . . à 0^f15 0 48 ⎪
Angles soudés 4 . . . . à 0^f25 1 00 ⎭

Une couverture en zinc du même développement que la première terrasse, soit 9^m60 à 0^f90 . . . . 8^f64
3 talons et 3 têtes soudées 6 à 0^f20 . . . . 1 20
4 angles soudés à 0^f25 l'un 1 00

Sur 9^m60, il y a à déduire pour couvre-joint:
$3 \times 2^m86 = 8^m58 \times 0^m10$ produit . . . . . . 0^m86
6 têtes et talons chaque:
$0^m09 = 0^m54 \times 0^m06$ produit . . . . 0^m03
12 agrafes à tasseaux chaque:
$0^m16 = 1^m92 \times 0^m04$ produit . . . . 0^m08
             0^m97
pour la superf. des feuilles il y a de. 9^m60
 A déduire . . . . 0^m97
     Reste . . . . 8^m63
1/7 de la superficie pour la plus-value de soudure, soit 1^m23 à 0^f90 le mètre superficiel 1 11
             11^f95

Art. 102. — On fait des tuyaux en zinc, depuis 0^m02 de diamètre jusqu'à 0^m25 de diamètre; il y a lieu de porter quelques prix en plus ou en moins, mais on ne peut en admettre plusieurs au-dessous de 0^m08 de diamètre, vu que les petits diamètres demandent une certaine difficulté de façon qu'il est juste de rétribuer.

Il est utile d'établir un article avant celui de la Série de la Ville de Paris, n° 266, et je dis : *façon et pose*, etc., pour tuyau au-dessous de 0^m08 de diamètre, 1^f20.

Pour les tuyaux de fort diamètre, qui s'emploient pour ventilateur et qui développent 0^m50, 0^m65 et 0^m80, soit un diamètre de :

Ajoutons 3 diamètres,
pour le développé de 0^m50 diamètre . . . . 0^m16
  Id.   Id. 0^m65 Id. . . . . 0^m20
  Id.   Id. 0^m80 Id. . . . . 0^m25

Art. 103. — Pour les tuyaux de 0m16 de diamètre et au-dessus, il ne peut être employé de crochets à pointe; il y a donc lieu de créer un article pour collier en fer plat et d'établir un prix par mètre linéaire pour ces colliers, et il n'y aura lieu à aucune déduction pour fourniture de crochet.

Art. 104. — Les chapeaux coniques sont toujours montés sur les tuyaux, au moyen de 3 branches en zinc d'une épaisseur triple; ils ont généralement 0m10 de diamètre de plus que les tuyaux, ils doivent être bordés sur un fil de fer qui reste dans le boudin. Ce boudin est souvent désigné, mais à tort, sous le nom d'ourlet.

Portons un prix pour chapeau conique en prenant le diamètre du tuyau de 0f11.

Il y a pour façon 0m66 de coupe circulaire, à 0f35 le mètre linéaire 0f 23
   L'ourlet plein demande 1/4 d'heure pour façon. 0 28
   La façon de 3 pattes 0 25
   La soudure desdites vaut, pour soudure, etc. .. 0 50
   La soudure du cône 0m15 à 0f50. . . . . 0 08
             Soit 1f 34

Il reste à ajouter la façon du cône, soit net (compris cercle en fer). 1f 80
Pour superficie du zinc 0m16 à 3f94 . . . . . . 0 63 } 2f 64
Pour superficie pour pattes 0m60×0m09 produit 0m054 à 3f94. 0 21
Pour 1m00, tuyau de 0m11 de diamètre, il y a 0m325 de zinc à 3f94 . . . . 1 28 } 2f 68
Façon, pose. 1 40

Art. 105. — On fait très-souvent des gouttières en zinc de 0m16 et 0m22 développé; il y aurait donc lieu d'ajouter deux prix en plus et de les baser sur ceux alloués de 0m25 à 0m325 ; la différence est de 0f10.

0m250 à 1f30 vaut pour 0m01 = 0m0520 }
0m325 à 1f40 vaut pour 0m01 = 0m0432 } 0f0952 à 1/2 0f0476

vu la difficulté pour le cintrage de gouttière en petit diamètre, prenons pour diminution proportionnelle le chiffre de 0f045 réduit :

Soit de 0f22 à 0f25, différence 0f03 à 0f045 = 1f35.
De 1f30 moins 0f0135, reste net 1f 20
De 0m22 à 0m16, différence 0m06 à 0f045 = 0f27.
         Net. 1f 10

Art. 108. — Nez en zinc soudés sur les tuyaux; le prix des nez portés à la Série ne peut être admis pour tous les tuyaux, car les nez pour tuyaux de gros diamètres servent souvent à supporter les tuyaux et sont plus grands que ceux tarifés.

Art. 110. — Les articles des nos 821 à 285 (Série de la ville de Paris) donnent journellement lieu à des discussions. Examinons cet article :

1° Les gaînes :

Quel est l'emploi d'une gaîne? Elle sert à maintenir une partie de zinc d'une certaine largeur, soit pour l'empêcher de se relever, soit pour l'empêcher de se dégrafer, et on l'emploie rarement pour les bandeaux de 0m30 de large, il y aurait donc lieu à ne pas la laisser figurer à l'article Bandeaux ;

2° Pattes :

Lorsque, dans un bandeau, la bande d'agrafe n'est pas posée de toute la longueur, et que ce qui la remplace laisse autant d'écartement que sa longueur, on l'appelle *pattes, agrafes;* ce mot *patte* est impropre, il faudrait donc les annuler, ce qui ne serait pas juste, puisqu'il entre pour un mètre de bandeau 0m50 de bande; il y a donc à annuler le mot patte, et lorsque les bandeaux seront posés avec des coulisseaux, on les nommera mains d'agrafes et il ne sera accordé que la valeur du zinc seulement.

Pour les bandeaux de petites largeurs, et cela arrive souvent, l'entrepreneur doit les soudures de jonctions; toutefois, lorsqu'il emploie des longueurs de 2m00 et lorsqu'on fait poser des bandeaux par largeur de trumeaux et que l'on coupe les longueurs de 2m00, le surplus de soudure est dû. Nous établirons un *nota* à ce sujet.

3° Clous, vis avec calotins :

Laissons-les figurer, mais je dois faire observer que l'on ne devrait les accepter que pour bandeaux très-étroits, où l'on ne peut mettre des bandes-agrafes, ou quand on veut économiser la bande-agrafe pour de larges bandeaux, ce qui est un mauvais travail, car le zinc doit toujours être employé à dilatation libre. Si ce n'était leur utilité pour les bandeaux étroits, on pourrait les supprimer, non pour en faire bénéficier l'entrepreneur, mais pour éviter un vice dans le travail.

4° Engravure ou nervure et remplissage de joint en plâtre ou en ciment :

Commençons par les engravures;

L'engravure pour les bandeaux se fait à la scie ou à la griffe et est remplie en plâtre, mais la nervure qui se fait au ciseau après le tracé fait à la règle ne peut être considérée comme étant le même travail que l'engravure. Il y a donc lieu à diviser ces articles et même à porter un prix pour emploi de plâtre ou pour emploi de ciment; ci-après les détails pour faciliter l'application des prix pour engravures et pour nervures :

Le remplissage de l'engravure est énoncé en *plâtre* ou en *ciment :*

1m00 cube de ciment pesant de 1171k à 1228, moyenne de 1199k500.

1m00 cube de plâtre tamisé pesant de 1242k à 1257k, moyenne de 1249k500.

Le ciment Lacordaire maçonnerie (n° 154) est payé 7f48, les 100 kil. cubes valent. 89f 72
Le plâtre maçonnerie (n° 327) est payé 18f70, 1m00 cube. 18 70
                                          71f 02

La différence du plâtre au ciment est de 71f02.

Il n'y a donc pas lieu de laisser *plâtre* ou *ciment* à la suite de l'engravure, on doit conserver seulement *plâtre*.

Pour bien déterminer l'engravure avec remplissage au plâtre, il faudrait déterminer la façon du bandeau pour conserver les prix portés, il faut que les bandeaux soient façonnés avec un boudin et un bord doublé sur la 2e rive.

L'engravure proprement dite se fait, comme il est dit ci-dessus, à la lame de scie, et on la remplit ensuite au plâtre.

Pour bandeau portant relief :

Les tranchées ou nervures en mur seront payées suivant leurs dimensions et suivant les prix portés aux tranchées en mur pour tuyaux.

L'engravure à la scie n'existant pas pour les bandeaux avec relief, il y a donc lieu à une diminution sur la façon, et cette diminution figurera au *nota* pour 0f10 en moins sur les façons ; la tranchée ou nervure figurera pour sa valeur ainsi qu'il est dit ci-dessus. On ne doit pas payer les soudures pour les jonctions, lorsque les bandeaux seront posés par longueur de 2m00. (Il est bien entendu que la dernière longueur de 2m00 qui se trouve coupée pour terminer un bandeau est considérée comme faisant partie de la pose par 2m00). Mais souvent il arrive que les bandeaux ne sont que de la longueur des trumeaux et qu'ils se trouvent soudés en raccord avec les appuis des croisées : alors il y a coupe de zinc et soudure multipliée, il y a donc lieu d'appliquer un prix pour ce travail.

Exemple :

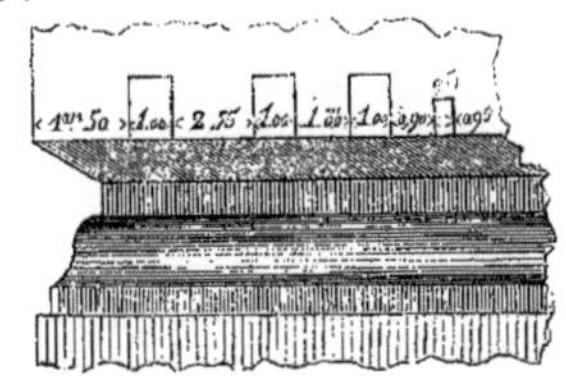

Le bandeau ci-dessus figuré a une longueur de 10m60 ; quand il est posé par longueur de 2m00, il y a 5 jonctions soudées ; quand il est posé par chaque longueur de trumeaux pour se raccorder avec les appuis de croisées, il y a...................... 8 jonctions soudées.
Plus pour le bandeau de 2m75..　1　Id.
　　　　　　　　　　　　　　　　　─
　　　　　　　　　　　　　　　　　9

Ce qui fait, en plus de celles dues par l'entrepreneur, 4 jonctions soudées qui demandent chacune une coupe sur zinc et une soudure. (Toutes soudures qui seront faites pour employer des longueurs de 1m50 ou de 1m00 ne seront pas payées, vu que ces soudures se font pour employer ses déchets de bandeaux).

On peut éviter toutes les discussions par un article qui dira : toutes les soudures de jonction en plus de celles calculées sur l'emploi de bandeau de 2m00 seront payées en plus.

La valeur de cette soudure sera portée à la suite des bandeaux.

Maintenant, prenons le texte de l'article n° 40 et modifions-le de la manière suivante, vu qu'il n'est pas assez explicite sur les articles qui se trouvent groupés.

TEXTE DE LA SÉRIE DE LA VILLE DE PARIS :

Bandes pour recouvrement d'appui, bandeau, attiques, entablement.   A   Pour façon et pose, compris boudin et deuxième rive à bord double, agrafe ou soudure de jonction ; vis, clous, calottins, engravures, faites à la scie sur plâtre ou pierre tendre ou dégradation de joint et remplissage d'engravure en plâtre.

le mèt. lin.

Au-dessus de 0m15 de larg..... 0f 85
de 0m15 a 0m25 inclusivement. 0 90
de 0m25 à 0m50   id........ 1 00
de 0m30 à 1m00   id........ 1 10

L'exemple ci-dessous est à l'appui du nouveau classement des bandeaux :

Un bandeau soudé de 0m15, la soudure de jonction :

1 { à 0f50 le mèt. lin. prod............. 0f075 } différence
  { 1 id. de 0m24 à 0f50 prod. 0f120 } 0f 045.
2 { 1 id. de 0m25 à 0f50 prod. 0f125 } différence
  { 1 id. de 0m49 à 0f50 prod. 0f245 } 0f 12.
3 { 1 id. de 0m50 à 0f50 prod. 0f250 } différence
  { 1 id. de 1m00 à 0f50 prod. 0f500 } 0f 25.

Pour les bandeaux n° 1 de 0m15 de large à 0m24 de large, la différence peu sensible pour les soudures peut être admise.

Pour les bandeaux n° 2, de 0m25 à 0m49 de large, la différence de 0f12 pour les soudures devient plus sérieuse et demande une modification, vu que si un entrepreneur a à poser des bandeaux de 0m25 de large, la soudure entre dans la façon pour 0f125.

Et que, si un autre entrepreneur en pose de 0m49 de large, la soudure entre dans la façon pour 0f245.

Il y a donc trop de bénéfice pour l'un ou perte pour l'autre, vu la grande différence et cette différence pour le n° 3 se trouve de 0f25 à 0f50.

Pour éviter les difficultés ci-dessus, classons les bandeaux par largeur de 0m05 en 0m05, ce qui augmentera le bénéfice de certains articles et en diminuera d'autres ; mais il y aura aussi, ce qui est équitable, la part de chacun suivant le travail exécuté.

PRODUIT DES SOUDURES POUR JONCTION.
à 0f50 le mètre linéaire.

Bandeaux au-dessus de 0m15 de large.

id.	de 0m15	à 0m20	de large inclusivement.	Une soudure de	0m15	vaut 0f75	═ 0m19	vaut 0f095	différence	0f02
id.	0 20	0 25	id.	id.	0 20	0 10	0 24	0 12	id.	0 02
id.	0 25	0 30	id.	id.	0 25	0 125	0 29	0 145	id.	0 02
id.	0 30	0 35	id.	id.	0 30	0 015	0 34	0 170	id.	0 02
id.	0 35	0 40	id.	id.	0 35	0 175	0 39	0 195	id.	0 02
id.	0 40	0 45	id.	id.	0 40	0 20	0 44	0 22	id.	0 02
id.	0 45	0 50	id.	id.	0 45	0 225	0 49	0 245	id.	0 02
id.	0 50	0 55	id.	id.	0 50	0 25	0 44	0 27	id.	0 02
id.	0 55	0 60	id.	id.	0 55	0 275	0 59	0 293	id.	0 02
id.	0 60	0 65	id.	id.	0 60	0 30	0 64	0 320	id.	0 02
id.	0 65	0 70	id.	id.	0 65	0 325	0 69	0 345	id.	0 02
id.	0 70	0 75	id.	id.	0 70	0 35	0 74	0 370	id.	0 02
id.	0 75	0 80	id.	id.	0 75	0 375	0 79	0 395	id.	0 02
id.	0 80	0 85	id.	id.	0 80	0 40	0 84	0 420	id.	0 02
id.	0 85	0 90	id.	id.	0 85	0 425	0 89	0 445	id.	0 02
id.	0 95	1 00	id.	id.	0 95	0 475	0 99	0 495	id.	0 02

Le classement de la Série actuelle de 1856 nous donne, pour les soudures, les différences de 0'045, de 0'12, de 0'25, et le classement que j'appliquerais à la Série nouvelle donne régulièrement 0'02 de différence sur chaque largeur.

Reste les prix à modifier; il y aurait augmentation pour quelques-uns, diminution pour d'autres; il résulte de là une compensation régulière.

Conservons le dire A, et portons les façons de bandeaux comme il suit.

Il n'existe pas de prix pour les bandeaux vieux zinc, soit pour dépose, repose, façon entière ou redressage. L'article n° 322 (Série de 1866) nous reporte à une Série quelconque, mais où l'article que nous avons à porter se trouve-t-il? Dans la Série de gaz!

Les n°s de Série de gaz 71, 72, 73 sont les seuls qui soient en rapport avec le travail de vieux matériaux.

Les n°s ci-dessus (Série de gaz) sont basés sur une journée de compagnon et son aide de .... 11'70

La journée de compagnon zingueur et son aide est de 11 05

    Différence en plus .... 0' 065

Malgré la différence de 0'065, conservons les prix portés à la Série du gaz pour les classer suivant la nécessité pour le travail; s'ils ne sont pas diminués proportionnellement, c'est que le plomb employé pour le travail de plomberie est d'une épaisseur plus forte que celui qui sert aux tuyaux des gaz et que le zinc étant un métal plus dur, il y a compensation pour les 0'065. Exemple :

Pour un bandeau de 0m20 à 0m25 de large, le prix de façon et pose est de 0'87.

Le 1/5 est de 0'174.

Pour un bandeau de 0m50 à 0m55 de large, le prix de façon et pose est de 0'99.

Le 1/5 est de 0'198.

Je crois cette augmentation juste, vu que dans la Série on alloue pour la couverture façonnée en vieux zinc avec découverture et par feuilles de 0m80 .... 1' 40

Moins pour la découverture 0 15

      Reste. .... 1' 25

En zinc neuf, on accorde 0 90

Différence .... 0' 35

La différence ici est entre le 1/3 et le 1/4.

Pour soudure sur vieux zinc, on alloue .... 0' 65

Pour soudure sur zinc neuf, on accorde 0 50

    Différence .... 0' 15

La différence ici est entre le 1/4 et le 1/5 :

Maintenons pour les bandeaux 1/5 en plus, pour l'emploi du vieux zinc.

DÉPOSE DE BANDEAU.

Il n'y a jamais eu de base pour ce travail qui se présente souvent; on assimile ordinairement cette dépose à la découverture en zinc qui est à un prix par mètre superficiel, lequel est trop minime pour déposer des bandeaux de petite largeur. Exemple :

Pour découvrir une couverture en zinc, une feuille de 0m80 de large et de 2m00 est aussitôt déposée qu'un bandeau de 0m25 de large :

La feuille produit 1m60 à 0m15 .... 0' 240
Le bandeau produit 0m50 à 0m15 .... 0 075

    Différence .... 0' 165

La différence est de 0'165 en pure perte.

Pour la dépose de gouttière et de tuyau de 0m25 et 0m325 développée, soit 0m58, par moitié 0m29, on accorde par mètre linéaire 0'10.

Le prix alloué pour façon et pose est de... 1' 30
Et de 1 40
                                  2' 70 par
moitié 1'35.

Ce qui est entre le 13me et le 14me du prix de la façon, pour la dépose.

On ne peut donc prendre cette base, et il faut se reporter à la dépose des tuyaux à gaz.

Pour dépose de bandeaux faite avec soin afin de les remployer, 1/3 du prix de pose; mais pour établir ce prix, on ne peut se baser que sur celui de la pose sans y ajouter le prix de la façon.

Sur le prix de 0'85, il y a déduire 1/3 pour façon, soit 0'28, reste pour pose 0'57.

La dépose faite avec soin pour remploi de bandeaux, compris dégagement du joint de l'engravure, est donc fixé à 1/3 de 0'57, soit 0'19.

Bandeau de 0m40 à 0m45, pose et façon .... 0' 950
  A déduire 1/3 .... 0 317

Le 1/3 de .... 0' 633 est de 0'211.

Bandeau de 0m65 à 0m70 pose et façon .... 1' 05
  A déduire 1/3 .... 0 35

Le 1/3 de .... 0' 70 est de 0'233.

Bandeau de 0m90 à 0m95, pose et façon .... 1' 150
  A déduire 1/3 .... 0 383

Le 1/3 de .... 0' 767 est de 0'255.

Bandeau de 0m75 à 0m80, pose et façon .... 1' 090
  A déduire 1/3 .... 0 367

Le 1/3 de .... 0' 727 est de 0'245.

Bandeau de 0m95 à 1m00 pose, et façon .... 1' 17
  A déduire le 1/3 .... 0 39

Le 1/3 de .... 0' 78 est de 0'26.

La dépose de bandeau en zinc, non remployé, vaudra 1/10 du prix de la façon et pose.

Il y aurait lieu d'établir un article additionnel pour bandeaux et les appuis des croisées, afin de les classer suivant les différents emplois ci-après :

1° Lorsque les bandeaux sont posés de toute la longueur et que les appuis se trouvent soudés en raccord;

2° Lorsque l'appui porte la largeur du bandeau et qu'il n'existe pas de soudure.

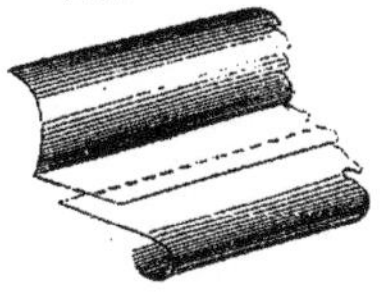

N° 1.

N° 2.

N° 3.

Pour les appuis n° 1, le cintrage du zinc épousant l'appui en bois est en compensation de la façon du boudin ; la soudure doit être payée, mais ce travail n'étant pas dans la règle de l'exécution, la soudure ne sera payée que lorsque l'architecte aura donné l'ordre de poser le bandeau de toute la longueur, sans interruption au droit des baies de croisées ou lorsque l'on aura voulu couvrir le bandeau dans son entier et que la pose des croisées sera faite longtemps après la couverture des bandeaux.

Pour les appuis n° 2, la façon du cintrage est en compensation de l'engravure et du joint, les clouures sur zinc doivent être payées suivant leur valeur.

APPUIS DE CROISÉE.

Pour façon et pose en raccord avec les bandeaux (fig. 1), lorsque l'ordre aura été donné de poser les bandeaux sans interruption et que les appuis seront posés après coup, il sera déduit 0ᶠ15 par mètre linéaire sur les précédents ; les soudures seront payées au mètre linéaire suivant les nᵒˢ 511 et 512, art. 101.

(Lorsque la façon et la pose ci-dessus seront faites de volonté de l'entrepreneur, la soudure ne sera pas payée en plus).

Pour façon et pose d'appuis de toutes largeurs (fig. 2) se profilant avec les bandeaux, même prix de façon et pose que pour les bandeaux. La clouure sera payée suivant l'espace laissé entre les clous. Lorsque les appuis seront posés à dilatation libre (fig. 3), et qu'il y aura au droit du carré de la feuillure de l'appui en bois une bande de zinc portant ourlet et clouure espacée de 0ᵐ01, le prix de façon et pose sera celui des bandeaux au-dessus de 0ᵐ15 de large, mais compris la clouure. Lorsque la bande ci-dessus n'existera pas, la clouure des appuis sera payée.

Les bandeaux en zinc sont employés pour couvrir des attiques ou des chambranles cintrés en élévation ; il y a un peu de difficulté pour la façon, vu que le boudin étant fait sur une partie droite, il faut, après avoir retiré de l'intérieur la tringle en fer, cintrer le zinc suivant l'emplacement. Ce cintrage ferme souvent l'espace qui reste pour le passage de la bande-agrafe ; de plus, la pose est plus longue, vu le cintre pour faire entrer la rive de la bande-agrafe à l'intérieur du boudin.

Portons sur la façon une plus-value de 1/3 en plus, qui représentera 10 minutes par mètre linéaire, en se basant de 0ᵐ20 à 0ᵐ25 de large, largeur ordinaire pour saillie d'attique, etc.,

Pose et façon valent...................... 0ᶠ 87
Moins 1/3 pour façon..................... 0 29

Reste......................... 0ᶠ 58
Le 1/3 de 0ᶠ58 est de 0ᶠ194.

Je réduis cette plus-value à 1/3 de la façon et pose, quel que soit le cintre.

Les bandeaux cintrés en plan occasionnent une perte de zinc, le cintre du dehors n'étant pas celui du dedans.

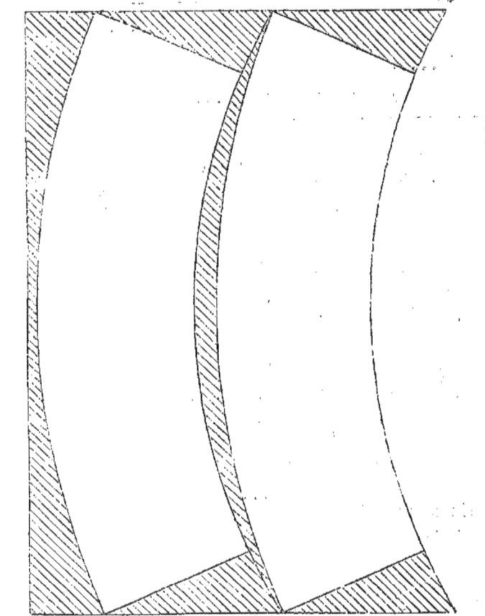

Il faut à chacun deux coupes. De plus, il y a une perte réelle sur le zinc : les parties hachées les représentent ; mais comme il y a une irrégularité dans les cintres de tel ou tel bandeau, on ne peut fixer pour perte de zinc un prix qui soit en analogie avec la largeur. Il est équitable de payer la valeur du zinc perdu. Le produit de la vente de ces déchets compensera le bénéfice qui aurait été obtenu par l'excédant de largeur.

Pour bien faire un bandeau circulaire, il faut que le boudin soit dégorgé au marteau sur une tringle en fer que l'on cintre suivant le cintre du bandeau (cela se fait lorsque le cintre est irrégulier).

Certains de ces bandeaux sont en deux parties sur la largeur, ce qui nécessite une soudure ; en outre, les deux coupes circulaires augmentent les dépenses de façon, et amènent avec raison des contestations lors du règlement, la demande étant par les faits ci-dessus très-élevée pour la façon de 1ᵐ00 de bandeau (ce travail fait une augmentation de 1ᶠ00).

Le classement de la façon du bandeau, que l'on voit souvent divisé en deux, c'est-à-dire : *façon pour bandeau de 0ᵐ20 de large*, soit :..........................0ᶠ 87

Puis la façon pour bandeau au-dessus de 0ᵐ15 de large, soit.................................... 0 83

Ensemble............................... 1ᶠ70

qui ne valent réellement, en les assimilant aux bandeaux de 0ᵐ25, que....................... 0ᶠ 87 (ce qui se fait souvent et qui est faux comme base).

Il y a donc en plus.................... 0ᶠ 83

à ajouter à 1ᶠ00, fait 1ᶠ83.

Pour éviter toutes contestations sur la façon de ces bandeaux, il faudrait donc payer :

La valeur du zinc pour ce qu'elle est, mais en comprenant le zinc en plus de la largeur du bandeau posé et la perte sur la longueur, perte occasionnée par les coupes qui tendent au centre, et accorder deux coupes circulaires; mais lorsque le cintre est peu prononcé, on peut souvent faire une coupe pour deux, vu que jusqu'à 0ᵐ01, la différence est sur la saillie du cintre intérieur. Exemple :

Le déchet étant payé, on peut perdre cet excédant de largeur qui diminue sensiblement dans le bord double; ceci est pour le bandeau avec engravure.

(Plus loin, je porterai les bandeaux circulaires avec relief remplaçant la nervure.)

Accorder les coupes biaises qui tendent au centre.

La façon de boudin circulaire dégorgé au marteau.

La valeur du bord doublé sur la 2ᵉ rive.

(Je porte ce prix, car il arrive que l'on supprime cette façon dans un bandeau circulaire.)

Porter le prix de l'engravure.

Je prends les articles ci-dessus pour en fixer la valeur.

Le prix du zinc est celui du cours appliqué au numéro employé.

Les coupes circulaires à....... 0ᶠ 20
Les coupes biaises à.......... 0 10

Pour dégorger un boudin, on peut admettre le prix de 0ᶠ30 par mètre linéaire.

Pour le bord doublé de la 2ᵉ rive, travail qui ne demande que peu de soins...................... 0ᶠ15

Prix de l'engravure et joint.

Comme ces bandeaux sont souvent posés par la longueur de 1ᵐ00, les soudures seront payées au développé, au mètre linéaire comme celles ci-dessus ; 0ᶠ75 le mètre, déduction faite de celles dues pour les longueurs de 2ᵐ00.

ART. 114.—GAÎNES ET PATTES DE GAÎNES.

Ayant supprimé à l'article Bandeau les gaînes et les pattes, comme il en est souvent employé,

Classons : 1° la gaîne complète;
2° les pattes de gaînes.

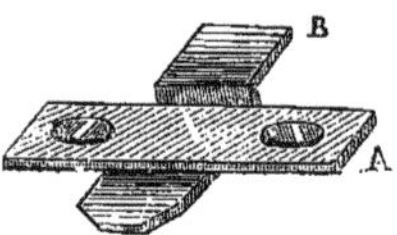

La gaîne complète se compose de la partie A qui est de 0ᵐ13 à 0ᵐ14 de longueur sur 0ᵐ05 de large.

La partie B porte 0ᵐ05 de large sur 0ᵐ08 à 0ᵐ10 de long, et se trouve soudée soit sur un bandeau, soit sur les parties en revêtement ou autres. Cette patte s'emploie aussi sur un bandeau, sur les parties de zinc posées en élévation, portant une rive flottante et passant sous un relief de zinc et étant soudée à ladite rive, forme serrage sur le relief. Elle s'emploie aussi pour les bandes à cheval, mais en plus de la soudure sur ladite bande, elles sont clouées sur le mur; cette raison doit motiver plusieurs prix.

Commençons par la gaîne complète, laquelle se compose de A et B.

A 0ᵐ14 de zinc n° 14×0ᵐ05 produit, 0ᵐ07.......... } 0ᵐ012 à
B 0ᵐ10 de zinc n° 14×0ᵐ05 produit, 0ᵐ05.......... } 5ᶠ03 } 0ᶠ 06

Coupe et façon, percement des trous pour clous........................... 0ᶠ 07

Soudure 0 07

Clouure de la partie B, compris clous.... 0 10

                         0ᶠ30

Pattes B employées seules, y compris soudure.

0ᵐ10 de zinc n° 14 × 0ᵐ05, produit 0ᵐ005 à 5ᶠ03................................. 0ᶠ 05

Coupe façon.......................... 0 03 } 0ᶠ11

Soudure 0 05

Pour fourniture, soudure, etc. portons le prix.. 0ᶠ 10

Pour les pattes B ci-dessus, mais clouées sur le mur (travail journellement exécuté dans des positions difficiles)..................................... 0ᶠ15

ART. 115.—RACCORD D'APPUI AU DROIT DES TABLEAUX, ENTAILLES, RACCORDS, JOUÉES, ETC.

Lorsque des appuis de croisées sont posés avec entaille

dans les tableaux, les entrepreneurs minutieux font battre à chaque extrémité de l'appui un relief de 0^m01 à 0^m015 de hauteur et souder ou dégorger l'angle au droit de l'appui en bois.

Ce travail est plus indispensable pour les pans de bois ; souvent une filtration d'eau est arrivée à pourrir les poteaux en charpente.

Les zingueurs font journellement les entailles dans les tableaux et les raccords en plâtre ; quelquefois il faut aussi raccorder les moulures des chambranles, mais comme il y a beaucoup de différence dans les profils, cet article ne pourra être tarifé ; il restera seulement l'entaille et le raccord.

Il existe souvent des appuis portant jouée en zinc au droit du tableau, laquelle est soudée à l'appui. La façon et la pose peuvent être assimilées à la valeur des noquets biais, vu la coupe circulaire ; comptons les soudures pour leur valeur, mais comme elles n'ont que peu de développée, portons une addition à l'article *soudure*. Il arrive souvent que les appuis ont des retours de boudin, travail journellement contesté, parfois même annulé à tort, car il doit avoir sa valeur, puisqu'il y a main-d'œuvre. Pour l'onglet soudé, nous le classerons lorsque nous arriverons aux coupes d'onglet.

Le prix que je porte pour la 1/2 nervure peut paraître élevé si on se reporte à la Série de menuiserie ; mais je dois faire observer que ce travail est fait par des ouvriers zingueurs ou plombiers et qu'il n'est guère fait que par petites parties.

Un poteau de lucarne développe en moyenne 0^m25 à 0^m50, cela ne fait que 0^f125.

COUPES D'ANGLES COMPRIS SOUDURES.

Lorsque les bandeaux ont des onglets, on applique un prix uniforme de 0^f25 et qui est insuffisant, vu les différentes largeurs du bandeau.

Il y a deux coupes biaises qui ont leur tracé sur place, donc elles valent chacune 0^f25 le mètre, et pour 2. 0^f50

La soudure vaut, le mètre linéaire. 0 50
______

1 mètre linéaire de coupes d'angles soudés vaut donc..................................... 1 00

Un bandeau jusqu'à 0^m15 de large développe en onglet 0^m25 à 1^f00. .... 0 25
Un bandeau de 0^m15 à 0^m25 moyenne 0^m20 id.   0 28
Un   idem   0 25 à 0 50   idem   0 58   id.   0 58
Un   idem   0 50 à 1 00   idem   1 16   id.   1 06

On voit par ces détails que le prix de 0^f25 pour un angle est trop modéré.

COULISSEAUX EN ZINC.

Le coulisseau en zinc varie de 0^m08 à 0^m12 de développé en largeur ; la façon et la pose pour l'une ou l'autre largeur est la même ; on peut donc lui donner un prix au linéaire, mais en ayant égard que les coulisseaux sont toujours employés en petites longueurs.

TUYAUX DE BUÉE POUR LES CROISÉES.

Pour enlever la buée intérieure des croisées on pose des tuyaux soit en zinc, soit en plomb, lesquels traversent le bois de l'appui et sont soudés en collet sur le zinc et un collet battu et cloué sur le bois.

Sous-détail.

0^m10 de tuyau de zinc de 0^m01 diamètre à 1^f40. $0^f 14$
2 collets battus de 0^m01 de diamètre à 0^f15....   0 30
1 idem soudé.....................   0 15
Clouage et joint du collet sur le bois..........   0 05
______
0 69

ART. **119.** — Les profils pour membrons portés à la série sont à peu près ceux qui s'emploient journellement pour le bâtiment ; les largeurs varient plus que les profils eux-mêmes.

Portons un prix par 0^m01 de développement et portons les produits de façon à l'appui du prix fixé à.... $0^f 035$
Membron de 0^m40 développé à 0^f035.........   1 40
Idem   0 50   id.   id..........   1 75
Idem   0 65   id.   id..........   2 28
Idem   0 50 et 0^m25, soit 0^m75 à 0^f035...   2 63

ART. **120.** — Le membron en bois du plus petit modèle est de 0^m11 sur 0^m08 épaisseur, la partie apparente ; 0^m21 à 0^f03 le 0^m01, soit 1^f03.

ART. **121.** — Pour les socles de chéneaux en chêne ou en sapin, le prix de pose ne peut s'appliquer aux prix de menuiserie, vu la différence du prix des journées et la nature du travail, cette pose étant toujours faite par les couvreurs.

ART. **122.** — Bien que la serrurerie porte des prix pour équerre et plate-bande en fer, ils ne figurent à la Série de couverture et plomberie que pour avoir un travail complet.

ART. **123** et **124.** — PENTES EN PLATRE.

Les chéneaux actuels étant d'une largeur très-réduite, la préparation du travail pour une pente de 0^m15 de largeur étant à très-peu de chose près la même que la préparation d'une pente de 0^m40 à 0^m50 de large, il y aurait lieu d'établir des prix, non pas au mètre superficiel, mais au mètre linéaire et suivant les sous-détails ci-dessous :

Sous-détails de pente en plâtre.

Pente en plâtre de 0^m03 d'épaisseur jusqu'à 0^m15 largeur :
Plâtre, $1^m00 \times 0^m15 \times 0^m03$ cube, 0^m0045
à 17^f00, soit........................... $0^f 076$
15 minutes à 1^f12 l'heure................   0 280
______
0 356
Bénéfice, 10 p. 100........   0 036
______
0 392

Net................................. $0^f 40$
Chaque 0^m01 en plus de largeur..............   0 03

Prix de revient.

1^m00 cube de plâtras.................... $3^f 65$
1^m00 cube de plâtre....................   17 00
Journée : pour 9 heures................   10 00

Pente en plâtre de 0ᵐ04 épaisseur jusqu'à 0ᵐ15 largeur.
Plâtre, 1ᵐ00×0ᵐ15×0ᵐ04 cube, 0ᵐ0060
à 17ᶠ00, soit.......................... 0ᶠ 102
20 minutes à 1ᶠ12 l'heure, produit..... 0 373
                                        ─────
                                        0 475
        Bénéfice, 10 p. 100........ 0 048
                                        ─────
                                        0 523
        Net............................. 0ᶠ 52
Çhaque 0ᵐ01 en plus de largeur............. 0 035

Pente en plâtre de 0ᵐ05 épaisseur jusqu'à 0ᵐ15 largeur.
Plâtre, 1ᵐ00×0ᵐ15×0ᵐ05, produit 0ᵐ0075
à 17ᶠ00............................... 0ᶠ 128
35 minutes à 1ᶠ12 l'heure...... 0 425
                                        ─────
                                        0 553
        Bénéfice, 10 p. 100........ 0 055
                                        ─────
                                        0 608
        Net................................. 0ᶠ 61
Çhaque 0ᵐ01 en plus de largeur............... 0 04

Pente en plâtre et plâtras de 0ᵐ06 d'épaisseur jusqu'à
0ᵐ15 de largeur :
Plâtras, 1ᵐ00×0ᵐ15×0ᵐ04, produit 0ᵐ006
à 3ᶠ65, produit...................... 0ᶠ 022
Plâtre, 1ᵐ00×0ᵐ15×0ᵐ02, produit 0ᵐ003
à 17ᶠ00, produit...................... 0 051
20 minutes à 0ᶠ12 l'heure, produit..... 0 373
                                        ─────
                                        0 446
        Bénéfice, 10 p. 100........ 0 045
                                        ─────
                                        0 491
        Net................................. 0ᶠ 50
Çhaque 0ᵐ01 en plus de largeur............. 0 033

Pente en plâtre et plâtras de 0ᵐ07 épaisseur :
Plâtras, 1ᵐ00×0ᵐ15×0ᵐ05, produit 0ᵐ075
à 3ᶠ65, produit...................... 0ᶠ 027
Plâtre, 1ᵐ00×0ᵐ15×0ᵐ02, produit 0ᵐ003
à 17ᶠ00, produit...................... 0 051
25 minutes à 1ᶠ12.................... 0 467
                                        ─────
                                        5 45
        Bénéfice, 10 p. 100........ 0 055
                                        ─────
                                        5 555
        Net................................. 0ᶠ 60
Çhaque 0ᵐ01 en plus de largeur............. 0 04

Pente idem de 0ᵐ08 épaisseur :
Plâtras, 1ᵐ00×0ᵐ15×0ᵐ06, produit 0ᵐ009
à 3ᶠ65, produit...................... 0ᶠ 033
Plâtre, 1ᵐ00×0ᵐ15×0ᵐ02, produit 0ᵐ003
à 17ᶠ00, produit...................... 0 051
30 minutes à 1ᶠ12 l'heure............ 0 560
                                        ─────
                                        0 644
        Bénéfice, 10 p. 100....... 0 064
                                        ─────
                                        0 708
        Net................................. 0ᶠ 71
Çhaque 0ᵐ01 en plus..................... 0 047

Pente idem de 0ᵐ09 épaisseur :
Plâtras, 1ᵐ00 × 0ᵐ15 × 0ᵐ07, produit
0ᵐ011 à 3ᶠ65, produit.................. 0ᶠ 040
Plâtre, 1ᵐ00 × 0ᵐ15 × 0ᵐ02, produit
0ᵐ003 à 17ᶠ00, produit.................. 0 051
35 minutes à 1ᶠ12 l'heure............ 0 653
                                        ─────
                                        0 744
        Bénéfice, 10 p. 100........ 0 074
                                        ─────
                                        0 818
        Net................................. 0 82
Chaque 0ᵐ01 en plus...................... 0 055

Pente en plâtre de 0ᵐ10 d'épaisseur :
Plâtras, 1ᵐ00×0ᵐ15×0ᵐ08 produit, 0ᵐ012 à
3ᶠ65 produit.......................... 0ᶠ 044
Plâtre, 1ᵐ00×0ᵐ15×0ᵐ02 produit, 0ᵐ03 à
17ᶠ00 produit.......................... 0 051
40 minutes à 1ᶠ12 l'heure.................. 0 733
        Bénéfice, 10ᶠ00 p. 100.... 0ᶠ 083
                                        ─────
                                        0ᶠ 911
        Net......................... 0ᶠ 91
Chaque 0ᵐ01 centimètre en plus de largeur....... 0 06

Pente en plâtre de 0ᵐ11 épaisseur :
Plâtras, 1ᵐ00×0ᵐ15×0ᵐ09 produit, 0ᵐ014 à
3ᶠ65 produit.......................... 0ᶠ 051
Plâtre, 1ᵐ00×0ᵐ15×0ᵐ02 produit 0ᵐ003 à
17ᶠ00 produit.......................... 0 051
45 minutes à 1ᶠ12 l'heure................ 0 840
                                        ─────
                                        0ᶠ 942
        Bénéfice, 10ᶠ p. 100.... 0ᶠ 094
                                        ─────
                                        1ᶠ 036
        Net......................... 1ᶠ 04
Chaque 0ᵐ01 en plus de largeur................. 0 07

Pente en plâtre de 0ᵐ12 d'épaisseur :
Plâtras, 1ᵐ00×0ᵐ15×0ᵐ10 produit, 0ᵐ015 à
3ᶠ65 produit.......................... 0ᶠ 055
Plâtre, 1ᵐ00×0ᵐ15×0ᵐ02 produit, 0ᵐ003 à
17ᶠ051 produit.......................... 0 051
50 minutes à 1ᶠ12 l'heure................ 0 933
                                        ─────
                                        1ᶠ 039
        Bénéfice, 10 p. 100...... 0 104
                                        ─────
                                        1ᶠ 143
        Net......................... 1ᶠ 15
Chaque 0ᵐ01 en plus de largeur................. 0 08

Pour les pentes ci-dessus en plâtras non fourni, il sera
réduit un 1/20 du prix réel de chaque pente.

Plus-value pour chéneau à double gorge formant gouttière pour chéneau jusqu'à 0ᵐ15 de large.

ART. **127.** — Sous-détails pour la façon d'un réservoir
de 1ᵐ60 hauteur sur 2ᵐ00 développé, produit 3ᵐ60 à 1ᶠ00,
soit 3ᶠ60 qui représente 3 heures un quart de compagnon
et de son aide.

Collet dégorgé au marteau 1ᵐ00 à 0ᶠ30 représente un
quart d'heure compagnon et de son aide.

Soudure pour jonction des calandres et du fond étant
doublée et faite sur portées circulaires pour plus d'emploi
de matière et main-d'œuvre, on peut admettre 1/2 en plus
que les soudures ordinaires.

Zinc embouti pour cercle en fer plat 0'60 le mètre li-néaire représente 1/2 heure compagnon et de son aide.

Façon de 1/2 boudin embouti 1'70 représente 1 heure 1/2 de compagnon et de son aide.

La soudure des boudins étant double, ce qui modifie le travail, est portée 0'65 et non 0'75 comme celle des ca-landres.

Façon suivant les prix ci-dessus d'un réservoir en zinc n° 16 pour les calandres et zinc n° 20 pour le fond, hau-teur du réservoir 1m25×1m26, diamètre superficie 6m29 à 1'00 .... 6'29

Coupe de fond 3m96 à 0'25 .... 0 99
Collet battu pour le haut de 3m96 à 0'30 .... 1 19
   id. pour la jonction du fond :
Au calandre 3m96 à 0'30 .... 1 19
Revêtement en zinc pour le cercle en fer, 3m96
   à 0'60 .... 2 38
Boudin embouti 3m96 à 1'70 .... 6 73
Soudure pour les calandres 3m96   }
2 montants, chaque 1'25.. 2 50 }10m42 à 1'50. 15 63
Pour le fonds.......... 3 96   }
Soudure du boudin et du revêtement du cercle.
4 de chaque 3m96 = 15m84 à 0'65 .... 10 30
                                  44 70

Pour les réservoirs en encaissement, la base est prise sur le prix ci-dessus.

Les réservoirs de cabinet d'aisances sont toujours de-mandés en évaluation. Les sous-détails qui suivent per-mettront d'établir la valeur réelle de ces réservoirs.

1er SOUS-DÉTAIL. — Exemple pour un réservoir de 0m60 de large sur 0m40 de hauteur, les deux côtés de chaque 0m40 hauteur sur 0m25 de large en haut et 0m10 en bas, le derrière de 0m50×0m60 et le fond de 0m60 et 0m10 :

1m00 × 0m60 produit........ 0m60 }
Les deux jouées 0m35×0m40   }0m74 à 2'50. 1'85
   produit................. 0m14 }
Coupe pour jouées 1m80 à 0m25 .... 0 45
Soudure 2m00 à 0'75 .... 1 50
Boudin ou collet de 0m60 à 0'25 .... 0 15
Angles soudés 2 à 0'25 .... 0 50
                                  4 45

2e SOUS-DÉTAIL.— Exemple pour un réservoir de 0m40 de face, 0m25 de côtés sur 0m30 hauteur, le derrière de 0m40×0m40, le fond de 0m40×0m25 :

0m95 × 0m40 produit......... 0m38 }0m53 à 2'50. 1'33
2 jouées 0m60×0m25 produit. 0m15 }
Coupe pour les jouées 1m70 à 0'25.............. 0 43
Soudure 1m70 à 0'75......................... 1 28
Collet de 0m90 à 0'25......................... 0 23
Angles soudés au collet, 2 à 0'25............... 0 50
                                  3 77

Pour dessus de réservoir de forme conique pour le ré-servoir ci-dessus de 1m26 de diamètre, superficie de zinc pour la façon de 1m74 à 1'25..................... 2'18

Coupe circulaire............ 4m28 }5m68 à 0'25, 1'42
2 id. biaises, chaque 0m70.. 1 40 }
Façon de la partie formant audant, 3m95 à 1'00, 3'95 (Il y a un collet dégorgé et un bord doublé).

ART. 137. — Pour bien établir un voligeage, il faut laisser de 0m003 à 0m004mm d'écartement, vu que posé jointif, lorsque l'humidité fait gonfler le bois, cela porte préjudice à la couverture en zinc. Pour éviter toute fausse interprétation, il serait bon de ne pas dire : voligeage non jointif.

ART. 143. — Pour les tuyaux de descente en fonte, la maçonnerie accorde, pour pose faite sur échafaud, 0m20 de léger, soit........................... 0'66

Journées de compagnon maçon et aide :
Prix moyen .... 10'35
Journée de compagnon zingueur et aide. 11 05

    Différence. .... 00'70

    Soit 1/15 en plus sur 0'66....   0'65
                              0'71

Le prix pour pose sur échafaud de tuyaux de descente en fonte, compris percement et scellement de 1 collier par mètre, est donc 0'71.

Pour la dépose, il y a deux descellements pour le collier à 0m08 de léger, vaut 0'53 à déduire de 0'71 ; reste pour dépose de tuyaux sans descellements. Le mètre linéaire, 0'18.

Pour les tuyaux de descente, pose faite à la corde à nœuds, et vu les pertes de temps occasionnées par ce genre de travail, il vaudrait le double des prix ci-dessus.

Soit pour pose, le mètre linéaire, 1'06.
Pour dépose,   id.   0'36.

FIN

TABLE

Les chiffres correspondent aux numéros d'ordre.

www.ingramcontent.com/pod-product-compliance
Ingram Content Group UK Ltd.
Pitfield, Milton Keynes, MK11 3LW, UK
UKHW022311120726
13694UKWH00004B/1369